No caminho com Jesus
Catecumenato Crismal

Dados Internacionais de Catalogação na Publicação (CIP)
(Câmara Brasileira do Livro, SP, Brasil)

No caminho com Jesus : catecumenato crismal :
   volume 2 : catequista / organização Ir. Angela
   Soldera, Pe. Rodrigo Favero Celeste. – 1. ed. – Petrópolis, RJ :
Vozes, 2023. – (Coleção no Caminho com Jesus)

ISBN 978-65-5713-942-4

1. Catequese – Igreja Católica 2. Cristianismo
3. Ritos de iniciação I. Soldera, Ir. Angela.
II. Celeste, Pe. Rodrigo Favero. III. Série.

23-155195   CDD-268.82

Índices para catálogo sistemático:
1. Catecumenato : Iniciação cristã : Igreja Católica
268.82
Aline Graziele Benitez – Bibliotecária – CRB-1/3129

Arquidiocese de Londrina

Ir. Angela Soldera
Pe. Rodrigo Favero Celeste
(Organizadores)

No caminho com Jesus
Catecumenato Crismal

Volume 2 – Catequista

Equipe de elaboradores

Aparecida Peixoto da Silva
Belmira Apparecida da Silva de Souza
Valéria Queiróz Pereira
Ir. Luciana de Almeida
Maria Nilza Rodrigues Mattos
Vitor Henrique dos Santos
Ir. Angela Soldera

Petrópolis

© 2023, Editora Vozes Ltda.
Rua Frei Luís, 100
25689-900 Petrópolis, RJ
www.vozes.com.br
Brasil

Todos os direitos reservados. Nenhuma parte desta obra poderá ser reproduzida ou transmitida por qualquer forma e/ou quaisquer meios (eletrônico ou mecânico, incluindo fotocópia e gravação) ou arquivada em qualquer sistema ou banco de dados sem permissão escrita da editora.

CONSELHO EDITORIAL

Diretor
Volney J. Berkenbrock

Editores
Aline dos Santos Carneiro
Edrian Josué Pasini
Marilac Loraine Oleniki
Welder Lancieri Marchini

Conselheiros
Elói Dionísio Piva
Francisco Morás
Gilberto Gonçalves Garcia
Ludovico Garmus
Teobaldo Heidemann

Secretário executivo
Leonardo A.R.T. dos Santos

Editoração: Clauzemir Makximovitz
Diagramação: Victor Mauricio Bello
Revisão gráfica: Jhary Artiolli
Capa: Editora Vozes

ISBN 978-65-5713-942-4

Este livro foi composto e impresso pela Editora Vozes Ltda.

SUMÁRIO

Apresentação, 9
Lista de abreviaturas, 10
Glossário, 11
O itinerário, 13
    Metas a serem alcançadas ao longo do itinerário com inspiração catecumenal, 15
    Orientações práticas no desenvolvimento do processo de Iniciação à Vida Cristã com inspiração catecumenal, 16
    Para o bom andamento do itinerário, 18
    A conversão, 18
    O introdutor, 19
    Leitura orante da Bíblia, 20

2º TEMPO – CONTINUIDADE DO CATECUMENATO

1º Encontro: Senhor, aqui estou! Deus nos chamou para uma missão, **24**

2º Encontro: Chamados a conhecer e seguir o projeto de Jesus, **29**

3º Encontro: Jesus nos revela o Pai, **33**

4º Encontro: Jesus é o fundamento da nossa vida, **37**

5º Encontro: Ser cristão é uma escolha pessoal de vida, **42**

6º Encontro: Creio: fundamento da nossa fé, **46**

7º Encontro: Jesus promete o seu Espírito, **50**

8º Encontro: O Espírito Santo anima a Igreja, **54**

9º Encontro: Os dons do Espírito em nossa vida, **57**
    Celebração: entrega do Símbolo Apostólico, **60**

10º Encontro: Sacramentos: sinais da presença e do amor de Deus, **62**

11º Encontro: Batismo, novo nascimento em Cristo, **68**

12º Encontro: O Sacramento da Crisma: configuração mais plena a Cristo, **72**

13º Encontro: Confirmados para sermos fortes na fé cristã, **76**

14º Encontro: Confissão: reconciliados com Deus e com os irmãos, **80**

15º Encontro: Deus visita seu povo, **84**

16º Encontro: Advento, tempo de vigilância e espera, **88**

17º Encontro: O Espírito Santo age em Maria, **92**

3º TEMPO – PURIFICAÇÃO E ILUMINAÇÃO – TEMPO QUARESMAL

18º Encontro: Quaresma, tempo de renovação, mudança de vida, **98**

19º Encontro: Quaresma, tempo de fraternidade, **102**

20º Encontro: Jesus doa a sua vida por amor, **107**

21º Encontro: Tríduo Pascal, **112**

22º Encontro: Vigília Pascal: Páscoa cristã, **116**

4º TEMPO – MISTAGOGIA

23º Encontro: Jesus nos chama a ressuscitar com Ele, **122**

24º Encontro: O Ressuscitado nos enviou seu Espírito, **126**

25º Encontro: Os frutos do Espírito Santo em nossa vida, **130**

26º Encontro: Bem-aventuranças, caminho de felicidade, **133**

27º Encontro: O Espírito nos ensina a sermos promotores da vida, **136**

28º Encontro: A missa: celebração do povo de Deus, **140**

29º Encontro: Domingo, o dia do Senhor, **144**

30º Encontro: Dízimo: uma contribuição de amor, **148**

ANEXOS

1 Celebração de eleição, **154**
   1.1 Rito da inscrição do nome (primeiro momento), **154**
   1.2 Celebração do rito da eleição (segundo momento), **157**
2 Celebração da Reconciliação, **159**
3 Celebrações de Purificação, **163**

    3.1 Primeiro escrutínio: a água e o Espírito, **163**
    3.2 Segundo escrutínio: Cristo luz da fé, **166**
    3.3 Terceiro escrutínio: morte e vida, **169**
4 Rito do Éfeta, **172**
5 Sugestões de retiro com os crismandos, **174**
    5.1 Primeiro retiro: Louvor a Deus pelo caminho de Iniciação à Vida Cristã, **175**
    5.2 Segundo retiro: Andai sob o impulso do Espírito Santo, **180**
6 Celebração da entrega das bem-aventuranças e da lembrança da Crisma, **186**
7 As principais orações do cristão, **189**
8 O que é importante você conhecer, **193**

Referências, **195**

APRESENTAÇÃO

Desta vez, temos a alegria e a satisfação de escrever a Apresentação do *Catecumenato Crismal* volume 2 da Arquidiocese de Londrina (PR). A Iniciação à Vida Cristã continua exigindo muito esforço e trabalho, especialmente por conta da necessária mudança de metodologia. No documento 107 da CNBB, é declarado:

> Visando formar uma nova mentalidade sobre a Iniciação à vida cristã, pode-se desperdiçar muita energia em atos, ações e eventos que não geram processos. É preciso promover uma metodologia capaz de envolver as pessoas no saber, sentir, optar, viver, fazer e ser dos cristãos (n. 191).

Gerar processos de aprendizagem, de mudança, de discipulado é fundamental para que possamos levar as pessoas a verdadeiros e profundos encontros com Jesus Cristo. O material que aqui apresentamos é parte de um processo que vem acontecendo.

Esperamos que seja um auxílio às paróquias e aos educadores na fé, na condução do processo de evangelização dos que procuram a comunidade para aprender a fé e para aprender a viver a fé. São 30 encontros, elaborados por uma equipe convocada para tal fim, com uma metodologia já cristalizada pela experiência e com o objetivo de formar discípulos de nosso Senhor Jesus Cristo. Isso é corroborado pelo Documento sobre a Iniciação à Vida Cristã, quando se refere à metodologia usada pelo próprio Jesus com a samaritana no Poço de Sicar (Jo 4,5-42):

> Como Jesus no poço de Sicar, também a Igreja sente que deve sentar-se ao lado dos homens e mulheres deste tempo, para tornar presente o Senhor na sua vida, para que possam encontrá-lo, porque só seu espírito é água que dá a vida verdadeira. Nesse sentido, entendemos que um processo consistente de Iniciação à vida cristã é indispensável ao tipo de missão que os novos interlocutores de hoje estão pedindo à nossa Igreja (n. 38).

Somos imensamente gratos à Coordenação Arquidiocesana da Catequese, juntamente a uma grande equipe de colaboradores, por colocarem à disposição das paróquias e dos catequistas este material. É uma exigência da evangelização na cultura urbana, de uma Igreja em saída, das paróquias comunidades de comunidades e das comunidades verdadeiramente missionárias. Obrigado pelo esforço. Que ele seja recompensado com muitos bons e valentes "soldados de Cristo" bem iniciados na fé.

Com minha Bênção Episcopal,

Dom Geremias Steinmetz
Arcebispo Metropolitano de Londrina

LISTA DE ABREVIATURAS

ClgC	–	Catecismo da Igreja Católica
CNBB	–	Conferência Nacional dos Bispos do Brasil
DAp	–	Documento de Aparecida
Doc. 107	–	Documento 107 da CNBB – Iniciação à Vida Cristã: itinerário para formar discípulos missionários
DGC	–	Diretório Geral para a Catequese
DP	–	Documento de Puebla
EG	–	Exortação apostólica *Evangelium Gaudium*
LG	–	Constituição dogmática sobre a Igreja *Lumen Gentium*
RICA	–	Ritual da Iniciação Cristã de Adultos
RMi	–	Carta encíclica *Redemptoris Missio*
SCa	–	Exortação pós-sinodal – *Sacramentum Caritatis* sobre a Eucaristia, fonte e ápice da vida e da missão da Igreja
SC	–	Constituição dogmática *Sacrossanctum Concilium*.

GLOSSÁRIO

Catecumenato: é um tempo prolongado durante o qual os candidatos recebem formação cristã e aprendem a moldar sua vida segundo os ensinamentos cristãos. Com esses auxílios, as disposições de espírito que se manifestaram ao início desse tempo atingem a maturidade.

Catecúmenos: são os que recebem instrução preliminar em doutrina e moral, no processo de preparação para o Batismo.

Catequizandos: são os já batizados e que continuam o processo para formação em vista de completar o processo do itinerário da vida cristã.

Cristã: chamados à vida pelo Pai, somos vocacionados, isto é, chamados à vida cristã. Pelos sacramentos do Batismo e da Crisma, nosso Senhor Jesus Cristo nos concede a filiação divina e a oportunidade de sermos seus seguidores, para nos tornarmos anunciadores da boa-nova da Salvação. Somos impulsionados pela força do Espírito Santo, procedente do Pai e do Filho, que nos faz agir pela caridade generosa na Igreja, mãe e mestra. Cristã não é apenas um adjetivo, mas indica nossa essência filial.

Escrutínios: são orações e celebrações realizadas no caminho catecumenal. Têm a finalidade de aperfeiçoar o caminho da vida cristã, fortalecendo o coração dos eleitos, curar o que ainda está fraco e precisa mudar, e fortalecer e consolidar o que está bem. Estas celebrações acontecem normalmente no terceiro, quarto e quinto domingos da Quaresma.

Iniciação: uma realidade profundamente humana e necessária é a iniciação. Dificilmente alguém se *"autoinicia"*, mas somos sempre conduzidos por outros para dentro de uma realidade desconhecida (*in-ire*).

Itinerário: palavra que indica caminho a ser percorrido ao longo de um processo bem determinado com início, meio e finalidade.

Mistagogia: é o tempo destinado a aprofundar mais o mistério pascal, procurando traduzi-lo cada vez mais na vida, pela meditação do Evangelho, pela participação na Eucaristia e pelo exercício da caridade. Este é o último tempo da iniciação, isto é, o tempo da "mistagogia" dos neófitos. Os neófitos foram renovados no seu espírito, saborearam as íntimas delícias da Palavra de Deus, entraram em comunhão com o Espírito Santo e descobriram como o Senhor é bom.

Neófito: o recém-batizado é chamado de neófito (planta nova), banhado em Cristo torna-se nova criatura.

Purificação e iluminação: o tempo da purificação e iluminação dos catecúmenos coincide, habitualmente, com a Quaresma. Tanto na liturgia como na catequese, pela recordação ou pela preparação do Batismo e pela Penitência, é um tempo de renovação na comunidade dos fiéis, juntamente aos catecúmenos, e que os dispõe para celebrar o mistério pascal, ao qual são associados pelos sacramentos da iniciação cristã.

É um tempo destinado a preparar de maneira mais intensiva o espírito e o coração dos candidatos. Neste degrau, é feita pela Igreja a "eleição" ou escolha e admissão daqueles catecúmenos que, pelas suas disposições, mostram-se em condições para, na próxima celebração, tomarem parte nos sacramentos da iniciação. Chama-se "eleição" porque a admissão feita pela Igreja se fundamenta na eleição de Deus, em nome de quem ela atua; chama-se "inscrição do nome" porque os candidatos escrevem o seu nome no livro dos "eleitos", como penhor de fidelidade.

Querigma: é o tempo em que se faz a primeira evangelização, no qual é anunciado, com firmeza e constância, o Deus vivo e aquele que Ele enviou para a salvação de todos, Jesus Cristo. O objetivo deste tempo é fazer com que os não cristãos, movidos pelo Espírito Santo, que lhes abre o coração, abracem a fé e se convertam ao Senhor, como também que façam sua adesão sincera àquele que – sendo o caminho, a verdade e a vida – é capaz de satisfazer todos os seus anseios espirituais e até de infinitamente os superar.

Rito: é um conjunto de ações simbólicas, de gestos, normalmente de caráter repetitivo. O rito é como uma ação simbólica (ou um conjunto de ações simbólicas) repetida com regularidade.

Vida: somos conduzidos do nada à existência pela benevolência criadora de nosso Pai que está nos céus. Nossa primeira vocação é a vida, de ser pessoa humana integral: corpo, alma e espírito.

O ITINERÁRIO

A Iniciação à Vida Cristã de inspiração catecumenal, conforme nos pede a Igreja, é um processo, um itinerário de transmissão da fé. Sob a inspiração do Ritual de Iniciação Cristã de Adultos (RICA), é possível propor um itinerário que avance por etapas e tempos sucessivos, garantindo que a iniciação de adultos, jovens e crianças se processe gradativamente na comunidade (Doc 107, n. 139). Esse itinerário deverá ser mistagógico, favorecendo a experiência do encontro pessoal com Jesus Cristo, sendo capaz de, aos poucos, transformá-los em discípulos e discípulas missionários em vista do Reino de Deus.

O grande desafio que se apresenta para a formação cristã e a finalidade da catequese de Iniciação à Vida Cristã é:

> oferecer uma catequese que leve o catequizando a conhecer, acolher, celebrar e vivenciar o mistério de Deus, manifestado na pessoa de Jesus, que nos revela o Pai, nos envia o Espírito Santo e nos faz participar de sua missão (cf. DGC, n. 80-81).

Para responder aos desafios da evangelização, principalmente na transmissão da fé cristã, é fundamental ter um projeto diocesano de Iniciação à Vida Cristã (cf. Doc 107, n. 138).

Nessa perspectiva, a concretização deste itinerário tem como objetivo favorecer o caminho pedagógico e mistagógico no processo de educação na fé, a partir da experiência realizada na Arquidiocese de Londrina. Assim, a proposta que apresentamos segue os quatro tempos: pré-catecumenato, catecumenato, purificação e iluminação, e mistagogia, a serem desenvolvidos ao longo de quatro anos, no mínimo. Nessa proposta, o início do ano catequético ocorre no mês de agosto, seguindo até a primeira quinzena de julho do ano seguinte. Isso possibilitará que se vivencie, com maior intensidade, os tempos fortes do Ano Litúrgico (Advento e Natal – Quaresma e Páscoa).

O catecumenato nos legou um vocabulário e uma herança que, na Iniciação à Vida Cristã, refere-se aos tempos indispensáveis para que aconteça uma verdadeira introdução ao mistério de Cristo. Esses tempos recebem as seguintes denominações:

1. **Pré-catecumenato ou querigma**, cujo objetivo consiste no primeiro anúncio e no despertar da fé: é o tempo da evangelização, e toda a comunidade deve se comprometer nesse tempo.
2. **O catecumenato** ocorre quando a comunidade, por meio dos catequistas e introdutores, propõe o aprofundamento do primeiro anúncio com os conteúdos do Creio e da Sagrada Escritura, via leitura orante da Bíblia. É o tempo da catequese.
3. **Purificação e iluminação** no tempo da Quaresma, como um grande retiro de preparação para a celebração dos sacramentos: na Vigília Pascal.

4. **A mistagogia** acontece no Tempo Pascal e após a celebração dos sacramentos, para adentrar com mais profundidade o mistério sacramental, a finalidade de todo o caminho realizado é o envio em Pentecostes para o tempo do serviço e da missão.

Aprofundando os últimos documentos da Igreja com relação à Iniciação à Vida Cristã com inspiração catecumenal, deparamo-nos com a urgência de retomar a unidade dos sacramentos da iniciação cristã. Essa unidade

> se desenvolve dentro do dinamismo trinitário: os três sacramentos da Iniciação, numa unidade indissolúvel, expressam a unidade da obra trinitária na iniciação cristã: no Batismo assumimos a condição de filhos do Pai, a Crisma nos unge com unção do Espírito e a Eucaristia nos alimenta com o próprio Cristo, o Filho (Doc 107, n. 91).

Por isso, a proposta desse itinerário se realiza a partir da ordem original dos sacramentos Batismo – Crisma – Eucaristia, como culminância do processo, conforme já advertia Bento XVI sobre o desafio que implica conduzir melhor os fiéis, colocando a Eucaristia como centro sacramental para o qual se conduz todo o percurso da iniciação (SCa, n. 18).

O fundamental dessa opção é levar a pessoa a um contato vivo e pessoal com Jesus Cristo, fazendo-a mergulhar (= Batismo) nas riquezas do Evangelho, assumindo a leitura orante da Bíblia, e iniciá-la, verdadeira e eficazmente, na vida da comunidade cristã, fazendo-a experimentar o bem de participar da vida divina concedido pelos sacramentos da iniciação cristã: Batismo – Crisma – Eucaristia. Esse processo considera que "Para participar do mistério de Cristo Jesus é preciso passar por uma experiência impactante de transformação pessoal e deixar-se envolver pela ação do Espírito" (Estudos da CNBB 97, n. 41).

Iniciação à Vida Cristã de inspiração catecumenal: desde a instituição da Igreja no mundo, Jesus nunca deixou de estar conosco na tarefa de proclamar o Evangelho a todas as nações, como Ele mesmo garantiu (Mt 28,20). O "envio" (= apóstolo) é o cerne do chamado do Filho de Deus a nós e, para tal, não existe fé isolada nem cristão egoísta. A fé deve ser doada na missão, a vida é missionária. Desde os primórdios de nossa fé, a maior incumbência dos discípulos de Cristo é despertar outros e iniciá-los na vida cristã. Assim, nos primeiros séculos, é desenvolvido o catecumenato do qual, em nosso tempo, queremos recuperar a metodologia.

Na verdade, a finalidade desse processo de inspiração catecumenal não está assentada em uma simples preparação para receber os sacramentos, mas sim numa consistente iniciação em que os interlocutores devem receber um tratamento de verdadeiros discípulos. Esses deverão se tornar outros "mestres", ou seja, guiados que serão também guias, testemunhas da fé. O sacramento é a consequência de uma fé assumida.

Todo esse processo é experimentado por meio de ritos e celebrações que marcam a passagem das etapas e dos tempos. Nesse sentido, o Ano Litúrgico, desenvolvido a partir do catecumenato, é instrumento fundamental e um caminho pedagógico e mistagógico capaz de fazer o iniciante celebrar a fé que está conhecendo, estabelecendo relacionamento íntimo com a Trindade Santa que, aos poucos, revela-se em sua história, doando-lhe a vida nova da Graça. Liturgia e catequese devem caminhar unidas na vida da comunidade, pois as duas têm a mesma base: a fé.

O processo de Iniciação à Vida Cristã não pode renunciar à sua tarefa de levar os seus interlocutores a uma participação intensa na dimensão mística, celebrativa, mediada pela catequese e pela comunidade. Sem uma catequese e uma comunidade viva e acolhedora, a educação da fé se tornará frágil.

Ademais, que este material sirva para levar à frente os objetivos e a meta a que se propõe: formar discípulos e discípulas de Jesus, cristãos autênticos e comprometidos com o anúncio de Jesus e do seu Evangelho.

METAS A SEREM ALCANÇADAS AO LONGO DO ITINERÁRIO COM INSPIRAÇÃO CATECUMENAL

Primeira meta

A primeira meta que buscamos alcançar é a de conhecer quem é Jesus. É anunciar o querigma, o primeiro anúncio. Ligado às celebrações litúrgicas, o catequista deverá ajudar o catequizando, apresentando a pessoa de Jesus, sua infância e os acontecimentos primeiros que manifestam quem Ele é, seu projeto de vida e sua missão. Mostrar que somos pessoas queridas e amadas por Deus. A grande pergunta a ser respondida neste percurso é: quem é Jesus? A resposta deverá levar os catequizandos a compreenderem que somos chamados por Ele para formarmos o grupo dos amigos de Jesus, permanecer com Ele e querer conhecê-lo mais.

Segunda meta

Nesta segunda meta, propomo-nos a prosseguir aprofundando sobre quem é Jesus, destacando, de modo especial, seus gestos, sinais e atitudes em favor da vida para todos, especialmente os menos favorecidos. O catequista ajudará o catequizando a se dar conta de que, no caminho de Iniciação à Vida Cristã, os já nascidos para uma vida nova no Batismo serão agora fortificados pelo Sacramento da Confirmação, crescendo no fortalecimento da fé cristã. Neste tempo, procuramos também comprometer os pais, os padrinhos do Batismo e/ou os introdutores (acompanhantes) a juntos fazerem o caminho de Iniciação à Vida Cristã. Nesta meta serão intensificados os momentos celebrativos, as bênçãos e os escrutínios próprios para este tempo de purificação e iluminação como preparação próxima ao Sacramento da Crisma.

> **Batismo dos catecúmenos:** propõe-se que o Batismo dos catecúmenos (não batizados) se realize na Vigília Pascal do segundo ano de catequese crismal, para depois, com o grupo, celebrar o Sacramento da Crisma. Caso isso não seja possível, é recomendável que o Batismo se realize após a entrega do Símbolo dos Apóstolos (Creio), antes do Natal.

Terceira meta

A continuidade do itinerário de Iniciação à Vida Cristã com inspiração catecumenal irá oferecer aos já batizados e confirmados um caminho de busca do discipulado e do ponto alto da iniciação cristã, a Eucaristia. Para isso a proposta consiste em favorecer aos catequizandos viver mistagogicamente a experiência comunitária, participando das celebrações do mistério pascal ao longo do Ano Litúrgico, de modo que possa sentir-se chamado a viver mais intensamente na intimidade com Jesus, buscando crescer nas atitudes cristãs, na família, na comunidade e na sociedade.

Quarta meta

A Eucaristia é a consumação da iniciação cristã, pois o batizado, incorporado à comunidade eclesial, reproduz o único sacrifício, que é o seu. Nesta meta, prosseguimos no itinerário a que nos propusemos, agora com a força especial do Espírito para cumprir a missão profética no meio do mundo, para edificar em unidade a Igreja, Corpo de Cristo, e defender a verdade do Evangelho nas diversas situações da vida. Por isso, o catequizando batizado participa da Liturgia Eucarística e oferece a sua vida ao Pai associada ao sacrifício de Cristo. É o Cristo inteiro, cabeça e membros, que se oferece pela salvação da humanidade. A Eucaristia culmina a configuração a Cristo: a participação repetida de toda a comunidade no mistério pascal e a incorporação na Igreja, cada vez mais perfeita e total; buscará uma gradativa inserção na comunidade, nos diferentes serviços e ministérios, vivendo plenamente em comunhão de vida, na partilha, no serviço comunitário.

ORIENTAÇÕES PRÁTICAS NO DESENVOLVIMENTO DO PROCESSO DE INICIAÇÃO À VIDA CRISTÃ COM INSPIRAÇÃO CATECUMENAL

1. **Reinscrição:** é importante que, antes de concluir o primeiro ano, portanto, fim de junho ou início de julho, cada um(a) manifeste o desejo de continuar no caminho. Por isso, o catequista ou a coordenação da catequese faz a reinscrição de cada catequizando para dar continuidade no segundo ano, segunda etapa do catecumenato crismal.
2. **Início do ano catequético:** na primeira semana do mês de agosto, retoma-se o caminho dos encontros de catequese, dando continuidade ao catecumenato crismal, que seguirá até a primeira quinzena de dezembro.

3. **Organização dos grupos:** importante cuidar para que os grupos não tenham número superior a 12 participantes. Isso possibilita que o encontro catequético seja mais vivencial, orante e tenha uma relação mais próxima com cada catequizando.
4. **Visitas às famílias:** os catequistas poderão, ao longo do ano, continuar com as visitas às famílias, para maior conhecimento da realidade e estreitar laços. Essas visitas feitas na gratuidade, com conversas informais, fazem bem para o catequista e para a família.
5. **Encontros para formação:** pensar uma programação voltada a encontros destinados à formação com os pais em pequenos grupos, favorecendo uma experiência orante. Considerar que os encontros sejam com a leitura orante da Palavra de Deus e possam fortalecer o sentido de participação e envolvimento no processo catequético (podem ser trabalhados os próprios encontros de catequese propostos aos catequizandos).
6. **O Retorno do recesso:** acontecerá a partir da celebração da Quarta-Feira de Cinzas do ano seguinte. Aqui se dará início ao terceiro tempo, com a celebração da eleição no primeiro domingo da Quaresma e a preparação próxima ao Sacramento da Crisma. Neste terceiro tempo são realizados os escrutínios: no terceiro, quarto e quinto domingos da Quaresma.
7. **No Período Pascal:** será celebrado o Sacramento da Crisma e se viverá o quarto tempo, a mistagogia.

CATECUMENATO CRISMAL

2 ANOS
- ✓ **1º TEMPO:** Pré-catecumenato = Primeiro anúncio, querigma
- ✓ **2º TEMPO:** Catecumenato = Tempo mais longo de catequese
- ✓ **3º TEMPO:** Purificação e iluminação = Quaresma
- ✓ **4º TEMPO:** Mistagogia = Aprofundar o sacramento recebido
- ✓ **RECESSO** (Pausa)

1º ANO

AGOSTO	SETEMBRO	OUTUBRO	NOVEMBRO	DEZEMBRO	JANEIRO
Início do ano catequético				1ª Quinzena	Recesso
				Recesso (2ª Quinzena)	

FEVEREIRO	MARÇO	ABRIL	MAIO	JUNHO	JULHO
Recesso					1ª Quinzena
Retorno: 4ª Feira de Cinzas					Recesso (2ª Quinzena)

2º ANO

AGOSTO	SETEMBRO	OUTUBRO	NOVEMBRO	DEZEMBRO	JANEIRO
Início do ano catequético				1ª Quinzena	Recesso
				Recesso (2ª Quinzena)	

FEVEREIRO	MARÇO	ABRIL	MAIO	JUNHO	JULHO
Recesso				Sacramento da Crisma (Pentecostes)	1ª Quinzena
Retorno: 4ª Feira de Cinzas					Recesso (2ª Quinzena)

PARA O BOM ANDAMENTO DO ITINERÁRIO

1. É fundamental que o catequista se prepare com antecedência lendo e rezando o encontro, prevendo o material necessário, a simbologia proposta para cada encontro. É bom também ler as orientações e os passos propostos.
2. É importante que o catequista procure proporcionar um clima de acolhida, de amizade, em cada encontro; que promova e facilite o diálogo e a participação de todos, para que cada um se sinta incluído e responsável pelo caminho a ser feito.
3. Os encontros catequéticos acompanharão os tempos fortes do Ano Litúrgico, favorecendo que catequista e catequizando possam fazer gradativamente a experiência do mistério pascal vivido e celebrado ao longo de todo o Ano Litúrgico. Neste caminho, privilegiamos o método da leitura orante da Bíblia.
4. Cada catequizando deverá ter a sua Bíblia. Quando a família não tiver condições de comprar, a comunidade deverá encontrar um meio de adquiri-la, para não prejudicar o andamento dos encontros de catequese que terão a Palavra de Deus como mensagem e conteúdo fundamentais.
5. É muito importante que se mantenha um bom relacionamento com os pais e/ou responsáveis, por meio de encontros periódicos de oração e formação.
6. No processo, acontecerão celebrações que marcarão as diferentes etapas. Estas deverão ser preparadas e organizadas com antecedência, incluindo-as no calendário da paróquia, para melhor andamento e preparação das celebrações com as equipes de liturgia e com o pároco.
7. O catequista deverá primar pelo lugar do encontro: dispor as cadeiras de modo circular, quando possível ao redor de uma única mesa, colocando em destaque a Palavra de Deus, uma vela que será acesa no momento certo e a simbologia proposta para cada encontro.
8. A coordenação da catequese deverá ter um calendário dos encontros para formação de pais, catequistas, momentos de partilha, avaliação da caminhada feita entre os catequistas para enriquecimento pessoal e ajuda.

Nota: Para pré-adolescentes e adolescentes que procuram a catequese mais tarde, por exemplo, acima de 12 anos até os 15 pelo menos, e até com jovens, propomos fazer o mesmo processo, usando o mesmo material. Nesse caso, deve-se ter o cuidado de organizar grupos específicos para essa faixa etária, separados dos que têm de 9 a 11 anos. Os jovens seguirão os quatro tempos com a mesma metodologia da leitura orante, visto que a meta não é o sacramento, mas a iniciação de um caminho de conhecimento e seguimento de Jesus.

A CONVERSÃO

No processo de Iniciação à Vida Cristã de inspiração catecumenal, compreende-se como ponto fundamental a dimensão da conversão. No catecumenato histórico, essa dimensão era relevante e fundamental em todo o processo até a admissão aos sacramentos da iniciação, pois o Senhor Jesus afirma no Evangelho que veio anunciar a conversão e o perdão dos pecados (Mt 4,17), sendo esse o anúncio principal do Cristo para receber o Reino de Deus. Diz o Documento de Aparecida em seu número 278b, que a conversão "É uma resposta inicial de quem escutou o Senhor com admiração, crê nele pela ação do Espírito, decide ser seu amigo e ir após ele, mudando sua forma de pensar e de viver, aceitando a cruz de Cristo [...] ".

Nesse sentido, o retorno dos trabalhos da catequese após o recesso se dá na Quarta-Feira de Cinzas, quando as mesmas cinzas são impostas sobre nós pelo sacerdote repetindo as palavras do Evangelho: "Convertei-vos e crede no Evangelho" (Mc, 1,15). A conversão, o arrependimento dos pecados, traz junto o propósito de adotar uma nova vida, que estabelece como meta principal da existência, em primeiro lugar, Deus e sua Palavra custodiada pela Igreja.

Nessa fase do catecumenato crismal (volume 2), pedimos aos párocos, catequistas e introdutores que observem a caminhada dos catecúmenos e catequizandos. De acordo com sua idade, levem em consideração a maturidade que alcançaram até serem admitidos ao Sacramento da Crisma. Conversão é alcançar a maturidade na fé!

O questionamento sobre maturidade em crianças, adolescentes e jovens é pertinente: maturidade significa a capacidade de assimilar a proposta feita e assumi-la como projeto próprio de vida. Atenção: não significa analisar apenas se o catecúmeno/catequizando está indo à missa aos domingos – visto que por enquanto não são obrigados a tal. Pede-se, na verdade, que seja ponderado se está sendo dócil e receptivo ao anúncio do Evangelho e despertando, com a sua família, para o sentido do que significa encontrar a Jesus Cristo, ser Igreja, formar comunidade. Caso esses objetivos não tenham sido alcançados, aprecie-se a possibilidade de o catecúmeno/catequizando estender por mais um ano catequético sua experiência de aprofundamento. Se essa decisão precisar ser tomada, seja feita após um longo discernimento. Para tal, não deixe para analisar esses casos nas vésperas da recepção do sacramento. Contudo a decisão seja feita em diálogo com os familiares e com o catequizando ao longo do processo, desde o começo desse ano catequético.

A importância de levar em consideração a conversão concreta das atitudes para admissão aos sacramentos consiste em conceber o sacramento no fim do processo como dom e graça de uma caminhada assumida e iniciada, ao contrário da noção de recepção do sacramento como uma "formatura" ou mera formalidade. É de vital importância compreender que a Igreja não existe no mundo para "distribuir" sacramentos, mas iniciar e formar discípulos missionários (Mt 28,19).

O INTRODUTOR

O ministério do introdutor, na Iniciação à Vida Cristã, é um ministério de acolhida e de acompanhamento. Uma das bases bíblicas para compreendê-lo é o encontro de Filipe com o eunuco, nos Atos dos Apóstolos 8,26-40.

A grande incumbência do introdutor é promover o primeiro anúncio, apresentar ao catecúmeno/catequizando a pessoa de nosso Senhor Jesus Cristo e sua entrega para nossa salvação por amor a nós. A ação do introdutor, nos primeiros séculos do cristianismo, era restrita a um período de três ou quatro meses, porque depois iniciaria a catequese propriamente dita, entrando em cena o ministro catequista, que teria de aprofundar o primeiro anúncio, por meio da Bíblia. Nessa proposta, o introdutor, membro da comunidade, é escolhido para acompanhar o catecúmeno/catequizando durante todo o processo da iniciação. Esse serviço é um acompanhamento personalizado.

A responsabilidade da promoção e organização dos ministros introdutores cabe estritamente ao pároco e ao Conselho de Pastoral Paroquial (CPP)/Conselho de Pastoral Comunitário (CPC). O introdutor não é o catequista! Assim, o catequista deve sempre averiguar, junto aos catecúmenos/catequizandos, se os introdutores estão cumprindo sua missão, informando ao pároco de possíveis dificuldades que possam ocorrer.

Jesus Mestre é a razão de ser do caminho de iniciação à vida cristã, modelo de catequista e de introdutor. Seus gestos, suas palavras e a sua vida são inspiradores da nossa ação pastoral. Com Ele, aprendemos a evangelizar e catequizar para torná-lo conhecido e amado.

LEITURA ORANTE DA BÍBLIA

O método da *lectio divina* ou leitura orante da Bíblia consiste, essencialmente, em rezar a Palavra, em aproximar-se da Palavra de modo "sapiencial" e em buscar, na Palavra, o Cristo.

Foi Orígenes, teólogo do século III, quem cunhou o nome *lectio divina*. Nos séculos IV e V, foi a maneira predominante de ler a Bíblia e prevaleceu no tempo de São Bento (séc. V e VI). Todavia, por volta do ano 1150, com o monge Guido II, é que encontramos uma estruturação da *lectio divina*. Todas as ordens religiosas que surgiram no século XIII utilizaram o método da *lectio divina*, levando ao povo o método orante da Bíblia.

O Concílio Vaticano II, ao insistir na Palavra de Deus como base de toda a espiritualidade cristã, insistiu também na *lectio divina* como método de oração. A característica própria desse método é a ligação da fé com a vida.

A leitura orante requer que a mente e o coração estejam iluminados pelo Espírito Santo, ou seja, pelo próprio inspirador das Escrituras. Pôr-se, portanto, em atitude de religiosa escuta. Ela exige um ambiente exterior e interior aberto, preparado e disposto a seguir os passos propostos. Por isso, é fundamental esta preparação: invocação ao Espírito Santo, silêncio interior e exterior.

Fazer a leitura orante é como subir uma escada com quatro degraus ou dar quatro passos que nos levam ao encontro com Jesus, o Mestre, que nos ensina como viver segundo a experiência: um exercício, uma prática, uma relação pessoal, viva empolgante com Deus e com a realidade. Não é apenas uma técnica, um método teórico, mas é um caminho de transformação. É para dilatar o coração, abrir os olhos, estender as mãos, impulsionar os pés para a evangelização. É mudar o coração, a vida, a sociedade.

É a oração que leva à ação, ao irmão, à missão, à compaixão. É a oração, a escola da Palavra de Deus para o reencantamento dos discípulos, dos profetas, dos evangelizadores. É fonte de ardor apostólico. A leitura orante deve ser considerada um exercício e, como todo e qualquer exercício, só se aperfeiçoa praticando. Se não há prática contínua, não existe aperfeiçoamento.

A prática da leitura orante também nos ajuda a evitar que façamos uma leitura fundamentalista da Bíblia na qual não conseguimos enxergar a beleza, a sabedoria da Sagrada Escritura, e acaba nos desviando das exigências de que a caminhada em comunidade necessita. Quando se faz a leitura orante, o objetivo não é interpelar a Bíblia, mas interpretar a vida. Não é para aumentar o conhecimento bíblico, mas sim o contato com Deus, é celebrar a Palavra viva de Deus que fala a todos. A finalidade da *lectio divina* não é falar com Deus, mas, por meio da Palavra, ouvir Deus, que fala. O bom êxito de uma leitura orante exige cuidados que devem ser sempre levados em consideração. Alguns são de origem espiritual; outros, de ordem psicológica ou mesmo se constituem em pormenores que podem ajudar a oração.

A leitura deve ser feita em um ambiente e com um espírito silencioso, com calma e quantas vezes forem necessárias, até que a Palavra atinja e penetre o coração, favorecendo, assim, a familiaridade com o texto que está sendo lido. Prestar atenção a lugares e personagens é importante. Deve-se, enfim, tentar "visualizar" o que se está lendo.

Passos da leitura orante

1. **Acolhida, oração:** acolhida e breve partilha das expectativas. Oração inicial, invocando a luz do Espírito Santo.
2. **Leitura do texto:** leitura lenta e atenta, seguida por um momento de silêncio, deixando a Palavra falar.
3. **O sentido do texto:** *o que o texto diz em si mesmo?* Partilhar impressões e dúvidas, com o grupo sobre o teor do texto. Se necessário, ler novamente e buscar mais esclarecimento.
4. **O sentido para nós:** *o que a Palavra diz para mim, para nós?* Refletir profundamente sobre o texto e descobrir seu sentido atual. Aplicar o significado do texto à situação em que vivemos. Alargar o sentido, ligando-o com outros textos da Bíblia. Situar o texto no plano de Deus que se realiza na história.
5. **Rezar o texto:** *o que o texto me leva a dizer a Deus?* Ler de novo o texto com toda atenção. Momento de silêncio para preparar a resposta a Deus. Rezar o texto, partilhando as luzes e forças recebidas.
6. **Contemplar, comprometer-se:** *o que a Palavra me pede como compromisso?* Expressar o compromisso que a leitura orante nos leva a assumir. Resumir tudo numa frase para refletir durante o dia.
7. **Um salmo:** escolher um salmo que expresse tudo o que foi vivido no encontro. Rezar o salmo para encerrar o encontro.

2º TEMPO

CONTINUIDADE DO CATECUMENATO

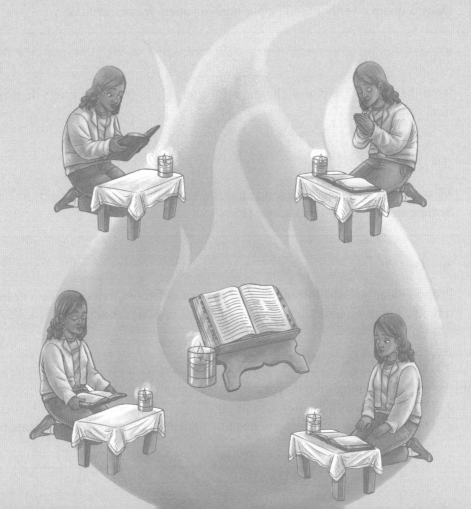

1º ENCONTRO

SENHOR, AQUI ESTOU! DEUS NOS CHAMOU PARA UMA MISSÃO

Sentido do encontro

Pelo nome, somos conhecidos e identificados. Mas, diferente dos padrões humanos, Deus nos chama pelo nome porque nos conhece, nos ama e quer ser nosso amigo. Deus fala de diversas maneiras, para se revelar a seus filhos e filhas, por meio de sua Palavra, das pessoas e dos acontecimentos.

Assim aconteceu com Samuel, filho de Ana e Elcana, que foi consagrado para o serviço sacerdotal ainda criança e passou a viver no Santuário, sob os cuidados do sacerdote Eli. Uma das funções de Samuel era manter a lâmpada acesa. Deus escolheu-o como ministro de um novo tempo. Ele foi um profundo homem de Deus, a quem o Senhor amou e por meio de quem fez maravilhas.

Objetivo

Reconhecer que Deus nos chama para uma missão e espera ouvir de nós uma resposta.

Ambientação

Mesa com tecido da cor do tempo litúrgico, vela, Bíblia e cartaz com a frase: "Fala, Senhor, que o teu servo te escuta" (1Sm 3,9).

Acolhida

Proporcionar aos catequizandos uma recepção afetuosa, referindo-se a cada um pelo nome e manifestando alegria pela sua presença com um abraço.

1. OLHANDO PARA A VIDA

Iniciar o encontro perguntando para aos catequizandos:
- ✓ O que esperam da catequese neste ano?
- ✓ O que sentem e como reagem quando alguém os chama carinhosamente pelo seu nome? Por quê?

2. ORAÇÃO INICIAL

Convidar a cantarem um refrão enquanto se acende a vela. Em círculo, diante da Palavra de Deus, motivar a fazerem o sinal da cruz.

Motivar a rezarem juntos:

Senhor, ajuda-me a perceber o teu chamado. Eu Te agradeço porque me conheces e me chamas pelo nome. Sei que me queres bem como filho(a). Obrigado!
Deus Pai, pelo amor que Tu tens por mim.
Obrigado!

Convidar a cantarem, preparando-se para escutar o que o Senhor tem a dizer neste encontro para cada um.

3. ESCUTANDO A PALAVRA

Motivar um momento de silêncio para escutar a Palavra.

Proclamar o texto bíblico de 1Sm 3,1-10.

Todos em pé, alguém proclama o texto bíblico.

Orientar a todos para, em silêncio, ler algumas vezes o texto.

Convidar a repetir palavras ou frases do texto que mais chamaram a atenção.

Sugere-se, para este momento, outra possibilidade: encenar o texto bíblico e depois reler o texto com os catequizandos. Para isso pode-se utilizar o seguinte esquema:
- ✓ Personagem 1 – Samuel dormindo.
- ✓ Personagem 2 – Eli sentado, de olhos fechados.
- ✓ Personagem 3 – A voz de Deus.

Personagem	Texto
3	Ouve-se a voz de Deus chamar: "Samuel! Samuel!".
1	Samuel se levanta com prontidão e dirige-se a Eli: "Eis-me aqui! O senhor me chamou?"
2	Eli responde: "Eu não te chamei, vai deitar-te!"
3	Novamente a voz chama: "Samuel! Samuel!"
1	Samuel se levanta e vai aonde está Eli e diz: "Chamaste-me?"
2	Eli diz: "Eu não te chamei, vai deitar-te!"
3	Pela terceira vez, ouve-se a voz: "Samuel! Samuel!"
1	Samuel dirige-se novamente a Eli e diz: "Eis-me aqui!"
2	Eli disse-lhe: "Vai e torna a deitar-te. Se ouvires que te chama de novo, responde: "Fala, Senhor, teu servo escuta"!
1	Samuel volta a deitar-se.
3	Deus chama novamente: "Samuel! Samuel!"
1	Samuel de braços erguidos para o céu diz: "Fala, Senhor, que o teu servo escuta".

Após a encenação e/ou releitura do texto bíblico, solicitar que reflitam e respondam:

a) Quem chamou Samuel?

b) Quantas vezes Samuel ouviu o chamado?

c) O que Eli disse a Samuel?

d) O que finalmente Samuel respondeu?

Compreendendo a Palavra

Narrando a vocação de Samuel, a Bíblia inicia a grande lista dos profetas, cuja função é serem porta-vozes do Senhor. Samuel foi chamado pelo Senhor, nomeado e consagrado ainda jovem, para anunciar a Palavra de Deus. A primeira parte do Capítulo 3 registra o seu chamado para o ministério profético. Samuel foi convidado em um tempo que, segundo a Sagrada Escritura (1Sm 3,1), a profecia era muito fraca, quase não havia profetas, eram poucos os israelitas fiéis que davam ouvidos à Palavra do Senhor. O texto relata que o sacerdote Eli estava deitado em seu quarto, repousando na sala do tabernáculo onde existiam cômodos para os sacerdotes que serviam no santuário.

O autor especifica que a lâmpada de Deus ainda não havia apagado. O livro do Êxodo 27,20 nos mostra que a lâmpada de Deus era o suporte feito de ouro (Ex 25,31-32) que ficava posicionado no lugar sagrado do tabernáculo. O serviço de Samuel era mantê-la acesa a noite toda, com azeite puro de olivas amassadas (Ex 27,20-21), pois era a única fonte de luz no santuário. De acordo com o Antigo Testamento, Samuel estava deitado no Templo e dormia perto da Arca do Senhor. É interessante perceber que o chamado de Samuel aconteceu pouco antes da madrugada, isto é, antes de a lâmpada do Senhor ser apagada. Por três vezes, Samuel foi chamado por Deus pelo nome, mas como ainda não o conhecia, não tinha intimidade com o Senhor e nem havia ouvido sua voz, confundiu-a com a de Eli, o sacerdote. Eli finalmente entendeu que Deus estava falando com Samuel, e orientou o jovem sobre como proceder. Nessa narrativa, aparece algo diferente dos demais versículos: "O Senhor veio e ficou ali", isso indica que o Senhor veio ao encontro de Samuel e esperava dele uma resposta ao seu chamado. Samuel, ainda sem saber que era o Senhor, expressou sua gratidão, ouviu a voz do Senhor e respondeu: "Fala, pois teu servo escuta" (1Sm 3,10). Escutar tem o sentido de obedecer, de cumprir o seu chamado, de ser profeta, de proclamar a sua Palavra, de ser testemunha. Samuel recebeu a incumbência de mostrar o papel da monarquia ao povo. Tentou convencê-lo, alertando-o do perigo, fazendo menção à situação vivida pelos hebreus no Egito, tentando conscientizá-lo com uma advertência sobre os direitos dos reis em relação aos *súditos (1Sm 8,10-22). Nessa narração, vimos a vocação de Samuel, cujo chamado é para uma missão profética: anunciar a Palavra de Deus e denunciar as injustiças. A passagem que descreve a vocação de Samuel faz pensar na vocação de cada pessoa. Deus nos chama para exercer um serviço, para aprender, a cada dia, a nos colocarmos à sua disposição, pois Ele conta com nossa colaboração para construirmos um mundo melhor.*

Para aprofundar e refletir

À medida que o profeta conhece e ama o seu Senhor, experimenta a necessidade de anunciar aos outros sua alegria de ser chamado e enviado para uma missão. O Documento de Aparecida ressalta que a vocação é parte dos dons de Deus para que cada um possa servir aos irmãos, respondendo ao chamado de vir a ser discípulo missionário assumindo a missão de anunciar que Cristo redimiu a humanidade de seus pecados. Ao responder a esse chamado, cada um é convidado a incorporar em sua vida e missão a dinâmica do bom samaritano (Lc 10,29-37), sendo capaz de se colocar próximo àqueles que sofrem, que precisam de apoio para se refazer e reerguer diante dos desafios a que se encontram limitados. Nesse sentido compreende-se que "A vocação ao discipulado missionário é 'convocação' à comunhão com a Igreja" (DAp, n. 156).

Ler e meditar:
✓ Os números 111, 135 e 382 do Documento de Aparecida.
✓ O número 1699 do Catecismo da Igreja Católica.
✓ Na Bíblia, os textos de: Lc 5,29-32; Mc 10,13-16; Mc 1,40-45; Lc 7,36-49 e Jo 4,1-16.
  Com esses textos é possível perceber o que é uma sociedade sem excluídos, a partir da experiência de Jesus, que retrata o acolhimento, o perdão, o diálogo que inclui e ajuda as pessoas em suas mudanças de vida.

4. MEDITANDO A PALAVRA

Conversar com os catequizandos sobre:
✓ Qual ensinamento o texto nos dá?
✓ O que nós escutamos no nosso dia a dia? Quem chama mais alto? Quem escutamos?
✓ Como podemos ouvir o chamado de Deus no mundo de hoje?
✓ Qual é nossa resposta diante do chamado de Deus?

Motivar a registrar no livro os aspectos importantes da reflexão para suas vidas.

5. REZANDO COM A PALAVRA

Depois de ter lido e meditado a Palavra, convidar a realizarem um momento de silêncio para conversar com Deus, cada um se questionando:
- ✓ O que a Palavra me faz dizer a Deus?
- ✓ Que oração podemos dirigir a Ele? De agradecimento, de louvor, de perdão?

Motivar os catequizandos a escreverem a oração pessoal.

Comentar que Deus está sempre atento aos nossos pedidos e sabe o momento certo de nos atender. *Poderá pedir que citem momentos em que reconhecem a sua presença.* Depois oriente a rezarem juntos um Pai-nosso e dez Ave-Marias pelas vocações.

Encerrar este momento com um canto. Sugere-se: *Senhor, se tu me chamas* ou outro a escolha.

6. VIVENDO A PALAVRA

Incentivar para que, durante a semana, junto com à família, rezem por todas as pessoas que são profetas e que dão testemunho de vida hoje.

Sugerir a cada um que, após as orações que realizarem em casa durante a semana, a família repita as palavras de Samuel: *"Fala, Senhor, o teu servo escuta"*.

2º ENCONTRO

CHAMADOS A CONHECER E SEGUIR O PROJETO DE JESUS

Sentido do encontro

Jesus anuncia o Reino de Deus, uma proposta de vida justa e de paz.

Jesus percorria toda a Galileia, região de pessoas pobres e humildes, e entre eles escolheu anunciar o Reino de Deus.

De acordo com as fontes cristãs, Jesus aparece como um profeta itinerante que percorre os caminhos dos povoados e aldeias, para difundir o Reino de Deus em toda a parte, proclamando e anunciando a boa notícia a todos. Para Jesus, o Reino de Deus está no centro de sua pregação, essa era sua convicção mais profunda e fundamental para toda a sua atividade. Seu objetivo era contribuir para que se implantasse, o quanto antes, o Reino de Deus. A pregação de Jesus, sua prática e seu testemunho faziam com que as pessoas tivessem uma vida mais digna, uma sociedade mais justa, buscava a libertação do mal, abrindo caminhos para acolher e promover o Reino de Deus. É isso que Jesus sempre buscou comunicar com sua palavra e seus ensinamentos.

Objetivo

Compreender que Jesus é a realização plena do projeto de Deus para a humanidade.

Ambientação

Mesa com tecido da cor do tempo litúrgico, vela, Bíblia, fotos de Jesus pregando e curando os doentes.

Acolhida

Acolher os catequizandos e conversar com eles sobre a participação da missa e da vida da comunidade, especialmente nos grupos de reflexão.

1. OLHANDO PARA A VIDA

Motivar uma partilha de como vivenciaram o compromisso proposto no encontro anterior.

2. ORAÇÃO INICIAL

Acende-se a vela...

Convidar para iniciar este momento com o refrão do canto: *Ó luz do Senhor...* (Frei Luiz Turra).

Motivar a fazer o sinal da cruz e solicitar que, olhando para os símbolos que estão ambientando o encontro, cada um faça a sua oração pessoal, pedindo perdão pelas vezes que deixamos de praticar a justiça e a paz.

Orientar o grupo a pedir a luz do Espírito Santo com um canto adequado.

3. ESCUTANDO A PALAVRA

Motivar um momento de silêncio para escutar a Palavra.

Solicitar aos catequizandos que fiquem em pé. Indicar alguém para proclamar o Evangelho segundo São Mateus 4,23-25.

Orientar que cada um, em silêncio, releia o texto.

Convidar a refletirem e anotarem respostas às questões:

- **a** O que o texto está falando?
- **b** O que Jesus ensinava?
- **c** Qual era a atitude de Jesus diante dos necessitados?

Compreendendo a Palavra

O povo, ao ouvir Jesus falar e, sobretudo, curar os enfermos, os endemoninhados, e defender os desprezados, entende que o Deus sobre o qual Ele fala com tanto entusiasmo é o Deus da vida. Sempre que Jesus ia de um povoado a outro, aproximava-se das casas e das pessoas desejando a paz. Tinha o costume também de ir ao campo para falar com os que cultivavam a terra. Mas seu espaço preferido para comunicar sua mensagem era a sinagoga, onde as pessoas se reuniam, principalmente aos sábados. Era ali que eles se reuniam para rezar, cantar salmos, discutir os problemas do povoado. O sábado era sagrado. Nesse dia, liam e comentavam as Escrituras, oravam a Deus pedindo a libertação. Era, sem dúvida, o melhor contexto para dar a conhecer a boa notícia do Reino de Deus. As parábolas e imagens que Jesus utilizava eram tiradas da vida das aldeias e do povo. Ele as transformava em "parábolas de Deus", com o intuito de evangelizar. Sua maior preocupação foi implantar o Reino de Deus onde o povo era mais humilhado. As pessoas pobres, famintas e aflitas são as "ovelhas perdidas" que *melhor representam todos os abatidos de Israel. A semente do Reino, que Jesus tanto pregava, só podia encontrar terra boa entre os pobres da Galileia. O Reino de Deus vai sendo gestado ali onde ocorrem coisas boas para os pobres. Jesus encantava as pessoas com seu jeito de agir e falar, ao mesmo tempo, as surpreendia quando dizia: "O Reino de Deus já chegou" (Lc 17,21). Deus já está aqui, na pessoa do Filho, atuando de maneira nova, cujo reinado tem como propósito trazer vida nova e abrir novos caminhos nas aldeias da Galileia. Embora sua força salvadora só seja experimentada de maneira parcial e fragmentada e não em sua totalidade e plenitude. Jesus já está experimentando isso e quer comunicar a todos. A vinda de Deus é uma libertação para os que a vivem, enquanto se transforma em ameaça para os causadores dessa exploração. Todos precisam saber que Deus é o defensor dos pobres. O anúncio do Reino de Deus proclamado por Jesus tem como finalidade despertar a esperança e chamar todos a mudarem sua maneira de pensar e agir, deixando-se transformar por sua dinâmica, começando a construir a vida tal como Deus a deseja. Jesus queria ver seu povo restaurado e transformado segundo o ideal da Aliança: um povo que pudesse dizer que Deus reinava. A notícia a respeito d'Ele se espalhou por toda a região da Síria. Muita gente o procurava e o seguia (cf. PAGOLA, 2010, p. 114-129).*

Para aprofundar e refletir

Jesus não só anunciava o Reino de Deus, mas Ele mesmo era uma manifestação, um testemunho vivo do projeto de Deus. Onde era possível, Ele aproveitava e falava da infinita bondade do Pai, que ama a todos sem distinção. No sábado, Jesus ia à sinagoga, ensinava e curava (Mc 1,21; 3,1; 6,2). O povo se maravilhava com seus ensinamentos. Pregava na casa de amigos, de pecadores e publicanos, explicava para os discípulos sobre as parábolas (Mc 2,1.15; 7,17; 9,28; 10,10). Foi à beira do mar, ambiente de trabalho dos pescadores, que chamou a Pedro e André, Tiago e João (Mc 1,16-20) e Mateus (Mc 2,13-14). Ao longo do mar, sentado num barco, ele transmitia a boa-nova (Mc 4,1).

> Ler e refletir:
> ✓ Os números 24; 29; 276 e 417 do Documento de Aparecida, que nos ensina sobre o Evangelho do Reino de Deus e o anúncio da boa-nova.
> ✓ Os números 764 e 2046 do Catecismo da Igreja Católica, sobre como o Reino se manifesta e o que nele é proposto.

4. MEDITANDO A PALAVRA

Orientar os catequizandos a meditarem e conversarem sobre:
✓ Qual frase do texto chamou mais sua atenção?
✓ Qual a mensagem de Jesus para nós?
✓ Quem são os enfermos e excluídos na sociedade de hoje?

Motivar todos a refletirem, olhando para as imagens de Jesus em ação, que foram preparadas para ambientar o encontro, e peça para partilharem com o grupo que ensinamento elas nos dão.

5. REZANDO COM A PALAVRA

Orientar que reflitam sobre:
- ✓ O que a Palavra os faz dizer a Deus neste momento?
- ✓ Quais atitudes precisam ter para pertencer ao Reino de Deus?

Convidar todos para escreverem e partilharem a sua oração com o grupo. Depois, motivar a finalizar este momento rezando juntos o Salmo 146 (145), na Bíblia.

Se possível, cantar: *Irá chegar um novo dia, um novo céu uma nova terra, um novo mar* (Paulo Roberto).

6. VIVENDO A PALAVRA

Escolher com o grupo um compromisso para viverem durante a semana. Entre outras coisas, pode ser visitar um doente ou alguém em situação de pobreza e ver se precisa de algum auxílio.

Lembrar os catequizandos de anotarem o compromisso assumido.

3º ENCONTRO

JESUS NOS REVELA O PAI

Sentido do encontro

Antes de sua partida, Jesus comunica palavras de conforto aos seus discípulos: "Não perturbe o vosso coração!" (Jo 14,1). E, chegando a hora de partir para junto ao Pai, Jesus pede aos discípulos que creiam em Deus e também nele (Jo 14,1), porque Ele mesmo é Deus.

Jesus, com toda paciência de um Mestre, ensina novamente, dizendo: "Eu sou o caminho, a verdade e a vida" (Jo 14,6), pois era preciso caminhar mais um pouco, seguindo as orientações de seu Mestre, servindo a Deus com amor e dedicação, para entenderem profundamente a proposta de Jesus. Seguindo esse caminho com amor, obteremos a vida (Jo 12,50), porque ele é a vida. Sobre esse caminhar "Amor e serviço são o cimento que liga entre si os tijolos e faz várias comunidades serem uma Igreja de irmãos e irmãs" (MESTERS; OROFINO, 2015, p. 154).

Objetivo

Compreender que a verdadeira face de Deus foi revelada pelo seu Filho Jesus, que com Ele viveu em íntima comunhão.

Ambientação

Mesa com tecido da cor do tempo litúrgico, vela, Bíblia, flores e a frase: "Quem me viu, viu o Pai" (Jo 14,9).

Acolhida

Acolher os catequizandos com alegria, desejando a cada um bom encontro.

1. OLHANDO PARA A VIDA

Convidar cada catequizando a partilhar com o grupo sobre a semana que passou: o que foi vivido (coisas boas e dificuldades), como *e se* conseguiram realizar o compromisso escolhido pelo grupo no encontro anterior.

2. ORAÇÃO INICIAL

Acende-se a vela...

Convidar para iniciar este momento com o refrão do canto: *Indo e vindo...*

Motivar a fazerem o sinal da cruz e rezar juntos:

Senhor, abre nossa mente e nosso coração para compreendermos Teus ensinamentos e reconhecermos em Ti o rosto humano de Deus.

Convidar a cantarem, preparando-se para ouvir a Palavra do Senhor: *A nós descei, Divina luz...*

3. ESCUTANDO A PALAVRA

Pedir um momento de silêncio para escutar a Palavra.

Solicitar que todos fiquem em pé e que um dos catequizandos proclame o Evangelho segundo São João 14,8-14.

Orientar, após a proclamação do Evangelho, que cada um, em silêncio, releia o texto, depois reflita e faça anotações considerando as seguintes questões:

- a) Quais são as personagens do texto?
- b) O que Filipe disse a Jesus?
- c) O que Jesus respondeu a Filipe?

Em grupo, retomar o texto, contando o relato (pode-se utilizar as anotações que fizeram).

Compreendendo a Palavra

Dando sequência ao texto, veremos que a catequese continua com o discípulo Filipe. Filipe faz um pedido para Jesus: "Senhor, mostra-nos o Pai, isso nos basta" (Jo 14,8). Diante do pedido inesperado de Filipe, Jesus lhe responde com uma pergunta bem objetiva e direta: "Filipe, há tanto tempo estou convosco e não me conheces? Quem me viu, viu o Pai" (Jo 14,9). Com essa pergunta, Jesus destacou o fato de que, durante todo aquele tempo em que estiveram juntos (aproximadamente três anos), a verdade que deixou bem clara em seu ministério (e que é ainda obscura para Filipe até o momento) é que Ele é o verdadeiro Filho Unigênito do Pai. Jesus foi enviado ao mundo com a missão de revelar o próprio Pai, e isso Ele o fez muito bem com seu testemunho e sua própria vida. Essa comunhão de

Filho para Pai, de Pai para Filho, tomou conta de sua vida totalmente. A Bíblia é muito clara ao relatar que jamais alguém viu a Deus. Entretanto o Filho que está junto ao Pai é que o deu a conhecer. A vontade do Pai habitava nele e a dele no Pai, até formar uma comunhão profunda: "Eu e o Pai somos um" (Jo 17,22). Essa comunhão não era privilégio somente d'Ele; essa comunhão não foi fechada para a humanidade.

Na verdade, todos que a desejassem poderiam ter acesso a ela. Seu grande anseio era fazer com que os discípulos tivessem, no seu dia a dia, a mesma experiência que Ele teve com o Pai, que conhecessem o Pai como Ele conheceu. Conhecer significa experimentar a presença de Deus na convivência amorosa com as pessoas na comunidade. Jesus viveu essa intensa comunhão com o Pai de maneira permanente e, em momentos especiais do seu cotidiano, retirava-se para lugares desertos, para oração silenciosa, para alimentar e fortalecer essa intimidade com o Pai. A missão do Filho é a suprema manifestação do amor do Pai. É essa unidade que faz Jesus proclamar: "Eu e o Pai somos um" (Jo 10,30). Jesus promete que, junto ao Pai, vai interceder por nós. Tudo o que pedirmos a Ele, vai pedir ao Pai. Se for da vontade do Pai e para o nosso bem, seremos atendidos (Jo 14,14).

Somente pela fé e vivenciando os Evangelhos é que conseguiremos discernir a presença do Filho no Pai e do Pai no Filho. Filipe se engana ao reclamar uma teofania, isto é, uma manifestação de Deus e de sua glória, assim como havia acontecido em algumas ocasiões no Antigo Testamento (Ex 24,9-11; 33,18). O problema é que, até aquele momento, os discípulos não haviam compreendido que estavam diante do Verbo encarnado (Jo 1,14) e que tinham o privilégio e a graça de caminhar ao lado de Jesus, como também ao lado do próprio Pai. Jesus explicava com toda paciência aos discípulos quando eles não entendiam que Ele estava lhes revelando Deus (Jo 14,7), pois essa revelação era a motivação de sua vida. Era impossível não entender o que Jesus estava dizendo durante todo tempo, visto que nunca falou às escondidas para os seus. Quando estava sozinho com eles, sempre afirmava claramente ser Deus, fazendo com que soubessem tudo, ao ponto de suprir neles a necessidade de conhecerem a verdade, a fim de crerem em Deus.

Para aprofundar e refletir

O Catecismo da Igreja Católica reforça que: "Por uma decisão totalmente livre, Deus se revela e se doa ao homem" (CIgC, n. 50). Revelando seu projeto de amor concebido em Cristo em favor de toda a humanidade, Deus prepara o ser humano para acolher a revelação que faz de si mesmo, que vai chegar na pessoa e missão de Jesus Cristo (cf. CIgC, n. 53). Podemos invocar Deus como Pai, porque Cristo, o seu Filho, revelou-o. E, ainda, o reconhecimento de sermos filhos de Deus se faz em Jesus, pelo Batismo, a partir do qual somos incorporados e adotados como tal (cf. CIgC, n. 2798).

> Ler e meditar:
> ✓ Os números 102, 131 e 143 do Documento de Aparecida sobre a relação do Pai com o Filho e o modo como Jesus inaugura em nós o Reino da vida do Pai.

4. MEDITANDO A PALAVRA

Incentivar os catequizandos a conversarem sobre:
- ✓ O que chamou nossa atenção?
- ✓ O que Jesus ensina?
- ✓ O que o texto diz para você?
- ✓ Como essa Palavra nos ajuda a olhar para a realidade da Igreja, de mundo, de comunidade cristã?

Lembrar aos catequizandos de anotarem o que considerarem importante da reflexão.

5. REZANDO COM A PALAVRA

Convidar para, em silêncio, cada um rezar e escrever sua oração, respondendo à questão: *o que quero dizer a Deus?*

Após um tempo, pedir que cada um reze em voz alta o que escreveu. Depois, motivar a agradecer a Deus, que se revelou a nós na pessoa do Filho Jesus e n'Ele se fez presente em nossas vidas, dizendo: *Pai nosso...*

Finalizar este momento cantando com os catequizandos: *Obrigado, Senhor* (Pe. José Weber).

6. VIVENDO A PALAVRA

Orientar que, em casa, com a família, organizem-se para ler o texto de Jo 14,8-14; meditem e escolham uma mensagem para sua vida e de sua família. Solicitar que anotem o que considerarem importante da reflexão, para partilhar com o grupo no próximo encontro.

4º ENCONTRO

JESUS É O FUNDAMENTO DA NOSSA VIDA

Sentido do encontro

Jesus, ao contar parábolas, sempre citava como exemplo coisas e imagens com as quais o povo tinha contato e que já conhecia.

Tendo como natural o mar da Galileia, Jesus conta uma história sobre dois homens que tinham o mesmo desejo: construir suas casas. O construtor sábio, chamado por Jesus de homem prudente, cavou mais fundo, até atingir a superfície da rocha, pois era a única forma de manter em pé sua casa (cf. BÍBLIA NOVA VERSÃO INTERNACIONAL, 2008, nota p. 1570).

O insensato não pensou da mesma forma, construiu sua casa sobre a areia, sem pensar que um dia ela poderia ser colocada severamente à prova.

A casa é um lugar muito especial para se viver. Nela, encontramos segurança, abrigo, paz, porque estamos protegidos dos ventos e das tempestades. São dois projetos iguais, mas com alicerces diferentes.

Objetivo

Compreender que Jesus é o fundamento da nossa vida, e que Ele é a rocha firme em que podemos confiar.

Ambientação

Mesa com tecido da cor do tempo litúrgico, vela, Bíblia, flores, pedras e um recipiente com areia.

Acolhida

Na alegria do reencontro, acolher os catequizandos, desejando-lhes a paz.

1. OLHANDO PARA A VIDA

Convidar o grupo a contar como foi a semana (em casa, na escola etc...).

Solicitar a cada um que partilhe com o grupo a mensagem extraída junto à família sobre o encontro anterior, referindo-se ao texto de Jo 14,8-14.

2. ORAÇÃO INICIAL

Acende-se a vela...

Convidar para iniciar este momento cantando um refrão conhecido do grupo.

Antes da proclamação do texto, conversar com os catequizandos sobre a pedra e a areia que já estão na ambientação, perguntando: para que servem a pedra e a areia? Onde podemos encontrá-las?

Motivar a fazerem o sinal da cruz e dizer: *peçamos que o Espírito Santo nos conduza com sua luz, cantando: Vem, vem, vem! Vem, Espírito Santo de Amor!* (Frei Luiz Turra, OFM).

3. ESCUTANDO A PALAVRA

Motivar um momento de silêncio para escutar a Palavra.

Pedir que todos fiquem em pé para ouvir o texto que será proclamado.

Orientar alguém do grupo a proclamar o Evangelho segundo São Mateus 7,24-27.

Após a proclamação, solicitar que, individualmente e em silêncio, realizem a leitura e releitura do texto.

Solicitar que, em grupo, retomem o texto, contando o relato com atenção aos detalhes da narrativa.

Solicitar que reflitam e anotem, para depois partilhar com o grupo:

- a) Qual o versículo que mais chamou sua atenção?
- b) Quais tipos de construção são mencionados no texto?
- c) Quem é o homem prudente? Quem é o homem insensato?

Compreendendo a Palavra

Ao tomar como exemplo a casa construída sobre a rocha e evidenciar que por isso ela não foi destruída pelos fenômenos naturais como tempestades, chuvas, ventos impetuosos, Jesus está nos instruindo sobre como devemos construir a nossa vida espiritual: uma vida alicerçada na fé, na Palavra de Deus, que busca se fortalecer na oração. Dessa forma, suas estruturas jamais *serão abaladas, porque estarão edificadas na rocha que é o Senhor. Ele é o centro da nossa salvação, o alicerce seguro e indestrutível em quem podemos confiar. São Paulo, em uma de suas cartas, relata o seguinte: "Quando me sinto fraco, aí que fico mais forte, porque a fé que trago no coração me impulsiona para frente" (2Cor 12,9-10). O cristão deve enfrentar as tempestades, as dificuldades, sem nunca duvidar da força que vem de Deus. Essa força está intimamente ligada ao pedido que Jesus – a rocha firme – fez ao Pai em sua oração, rogando por todos aqueles que ouvem as suas palavras e as colocam em prática (Jo 17,1-26). Aqueles que constroem suas vidas sobre "a rocha" estão determinados a viver os ensinamentos de Cristo, a confiar na sua misericórdia diante de seus fracassos; é o homem sensato que ouve a palavra do Senhor e a acolhe sem questionar. É a "obediência da fé" (Rm 1,5; 16,26) por um vivo e constante princípio de vida que nos une ao Salvador dos homens, tornando nosso relacionamento com o Pai e o Filho inabalável. Jesus é a nossa rocha! Ele é o alicerce sobre o qual podemos construir nossa vida. Se formos obedientes ao nosso Senhor e seguirmos os seus ensinamentos, por mais violenta que seja a tempestade sobre nossa vida, teremos a certeza de que venceremos, porque Ele nunca nos deixa nem nos abandona (Hb 13,5; Dt 31,8). Outro exemplo que o evangelista nos apresenta é o do homem insensato, que não teve a mesma sorte. Ao construir sua casa sobre areia, pensou estar seguro, pois sua casa antes da tempestade permanecia de pé, parecia que tudo estava firme e forte. Grande foi a sua surpresa quando a inundação chegou. Ele perdeu toda a esperança ao ver sua casa desmoronar e cair. O homem insensato perdeu sua casa, seus bens, porque não ouviu as maravilhosas palavras de Jesus e seguiu o seu próprio caminho; não teve a humildade de ouvir e obedecer ao conselho e à orientação de Deus. O construtor que edificou na areia não planejou para a tempestade ou para a inundação, porque quem não planeja de acordo com a Palavra de Deus acaba falhando. Quando recusamos adorar e praticar a Palavra de Deus em Espírito e verdade, a vida se torna vazia e o fracasso é inevitável. Podemos identificar essa matéria-prima (que é a areia) como um tipo de mundo que não oferece segurança, paz e abrigo, nem tampouco um caminho ou uma direção que nos leve ao encontro com Cristo. Contudo viver nesse tipo de mundo é estarmos propensos a sermos como as ondas do mar: jogados para um lado e para o outro, totalmente sem rumo. Como vemos nesta parábola, construir uma casa é simplesmente uma analogia para construir uma vida. O ponto fundamental é este: você está construindo sua vida, e a fundação que você escolhe é o elemento mais importante dela.*

Para aprofundar e refletir

O Papa Bento XVI, em uma de suas homilias (2011), destacou que o Senhor Jesus, por meio da parábola das duas casas construídas uma sobre a rocha e a outra na areia, convida os discípulos a ouvirem as suas palavras e colocá-las em prática (cf. Mt 7,24). Ressaltou na ocasião que o caminho da fé se dá no horizonte da Aliança que Deus estabelece com o homem, por meio do dom da sua Palavra, possibilitando estar em comunhão com Ele. Destacou que, segundo a constituição dogmática *Dei Verbum* (sobre a Divina Revelação, n.2,), Deus fala aos homens como amigos e os convida e recebe para que estejam em comunhão com Ele. Nessa perspectiva, o ser humano é compreendido como destinatário da Palavra e convidado a estar em uma relação de diálogo com o Senhor. O papa menciona o modo de Jesus ensinar que fazia com que o povo que o escutava pudesse reconhecer nas suas palavras a proximidade e o amor do Senhor, o que lhes possibilitava sentir a alegria de se reconhecerem como filhos do Pai. Ainda, referindo-se à atitude da pessoa humana diante de Deus, afirmou que

> muitas vezes, o homem não constrói o seu agir, a sua existência, sobre esta identidade, e prefere as areias do poder, do sucesso e do dinheiro, pensando encontrar nisso estabilidade e a resposta à exigência insuprimível de felicidade e de plenitude que leva à própria alma. E nós, sobre o que queremos construir a nossa vida? Quem pode responder deveras à inquietude do coração humano? Cristo é a rocha da nossa vida! Ele é a Palavra eterna e definitiva que não faz temer qualquer espécie de adversidade, qualquer dificuldade ou mal-estar (BENTO XVI, 2011).

Por fim, o papa exortou os presentes para todos os dias acolherem a Palavra de Deus e meditá-la continuamente, destacando ser uma ajuda preciosa que possibilita ao cristão se proteger de um ativismo superficial, por uma satisfação passageira que, no final, esvazia e insatisfaz.

> Ler e meditar:
> ✓ Os números 2 e 22 da Constituição Dogmática *Dei Verbum* sobre a Divina Revelação.
> ✓ O texto do Ângelus de 6 de março de 2011, de Bento XVI, disponível na internet.

4. MEDITANDO A PALAVRA

Convidar os catequizandos a refletirem e conversarem sobre:
- ✓ O que Jesus quis dizer com "construir uma casa sobre a rocha"?
- ✓ Qual a mensagem que cada um pode tirar desse texto?
- ✓ Qual o convite que a Palavra faz a cada um?
- ✓ Como cada um pode viver o que essa parábola contada por Jesus ensina?
- ✓ O que colocamos no centro de nossa vida?

5. REZANDO COM A PALAVRA

Orientar que, em silêncio, olhem para as pedras e para a areia que estão ambientando o encontro, e questionem-se:
- ✓ O que elas fazem pensar a partir do que foi meditado com a parábola contada por Jesus?
- ✓ O que nós queremos dizer a Deus a partir do que foi refletido?

Solicitar que cada um faça sua oração e a escreva para partilhar com o grupo.

Motivar cada um a dizer sua oração, ao que todos respondem juntos: *Senhor, seja minha rocha, minha fortaleza. Eu confio em vós.*

Convidar a encerrar este momento rezando juntos o Salmo 18,2-7.

6. VIVENDO A PALAVRA

Instruir que cada um partilhe com a família este encontro catequético e converse em casa sobre a diferença entre construir uma casa na areia e uma casa na rocha.

Orientar que convidem os familiares a refletirem juntos como é possível construir a casa da nossa vida sobre a rocha ou sobre a areia. Quem é a rocha firme em suas vidas?

Explicar que no próximo encontro haverá a partilha dessa conversa em família com o grupo. Para isso, pedir que façam anotações em casa.

5º ENCONTRO

SER CRISTÃO É UMA ESCOLHA PESSOAL DE VIDA

Sentido do encontro

Jesus fala aos discípulos das exigências do seguimento. Ele propõe as normas para que possamos segui-lo e nos configurarmos a Ele. Ainda, diz que o seu seguimento implica na renúncia e no desapego das nossas ideias, dos nossos bens e da nossa própria vida. Para seguir Jesus, é necessário assumir a cruz como Ele nos deu o exemplo. Seu exemplo e suas atitudes mostram ao mundo uma nova maneira de ser, valorizando a pessoa humana na sua dignidade, libertando-a de tudo o que a escraviza e domina. Para isso é preciso ter convicção da nossa opção de cristão, a fim de que possamos vivenciar o Evangelho com amor e liberdade.

Objetivo

Entender que para se tornar discípulo e seguir Jesus é preciso priorizar o projeto que Ele nos apresenta.

Ambientação

Tecido da cor do tempo litúrgico, vela, Bíblia, flores, cruz.

Acolhida

Preparar uma acolhida calorosa para os catequizandos, desejando um bom encontro.

1. OLHANDO PARA A VIDA

Conversar com os catequizandos sobre a semana que passou: como foi?

Convidar a partilhar com o grupo sobre o compromisso do encontro anterior.

2. ORAÇÃO INICIAL

Acende-se a vela...

Iniciar este momento com o refrão de um canto.

Motivar a juntos fazerem o sinal da cruz.

Convidar a cantarem, preparando-se para ouvir a Palavra do Senhor: *Enviai o vosso Espírito, Senhor/ E da terra toda face renovai!* (2x)

3. ESCUTANDO A PALAVRA

Motivar um momento de silêncio para escutar a Palavra.
Proclamar o Evangelho segundo São Lucas 14,25-27.

Orientar que, individualmente e em silêncio, leiam e releiam o texto.

Solicitar que reflitam e anotem o que cada um considera mais importante nesse Evangelho.

Compreendendo a Palavra

Para seguir Jesus, é preciso carregar sua cruz, isto é, renunciar à própria vida, ter compromisso e coragem para enfrentar a rejeição, a condenação e a exclusão, assim como aconteceu com Jesus em sua luta por justiça e liberdade. É impossível seguir Jesus sem passar pelo caminho da cruz, pois a cruz é decorrência da nossa vivência do amor, porque amar nos traz consequências. Não é fácil amar nem tampouco é fácil assumir os encargos que o amor nos propõe. Assim sendo, quando Jesus nos diz "se alguém vem a mim", Ele quer nos dizer: se "você quer me seguir, você deverá viver a lei do amor". O amor, segundo Jesus, está acima de tudo na vida de um discípulo.

Jesus chama atenção ainda para que as relações familiares não se tornem uma dificuldade para aderir ao seu projeto de vida e do Reino. Foi Jesus mesmo quem nos deu o exemplo, quando optou pela missão. Quando sua mãe e seus irmãos queriam vê-lo, Jesus afirma ter uma família mais importante: "Minha mãe e meus irmãos são estes: os que ouvem a palavra de Deus e a põem em prática" (Lc 8,19-21). Assim, para seguir Jesus, é preciso estar imbuído por um amor superior a todas as afeições familiares ou quaisquer outras, pois seguir Jesus é uma opção de vida que supõe riscos e exige renúncias. Aqui, podemos lembrar algumas renúncias de Jesus: deixou sua família em Nazaré, dando prioridade à missão confirmada pelo Espírito Santo de anunciar uma boa notícia para os pobres (Lc 4,16-31); priorizou o projeto do Pai; renunciou às tentações; rejeitou as riquezas; recusou o poder real; e não aceitou a oferta de prestígio (Lc 4,1-13). Carregar a cruz significa seguir Jesus na radicalidade. Para isso, é necessário ser uma pessoa livre, que não se deixa escravizar por propaganda consumista nem pela oferta de bens, poder e fama como sentido da vida. Jesus, com seu testemunho, nos ensina a priorizar o seu projeto e a sua justiça. Seguir as relações do Reino e da sua justiça é estar disposto a carregar a cruz. É tomar decisões que requerem desapego e geram conflitos, que levam a sofrimentos e exigem desprendimento.

Para aprofundar e refletir

O Documento de Aparecida nos ajuda a compreender como viver a nossa missão de cristãos. Ele ressalta que a Igreja cumpre sua missão "seguindo os passos de Jesus e adotando suas atitudes (cf. Mt 9,35-36). Ele, sendo o Senhor, se fez servidor e obediente até a morte de cruz (cf. Fl 2,8)" (DAp, n. 31). Todo batizado é chamado a intensificar sua resposta de fé no cotidiano de sua vida e anunciar que Cristo, pela sua Morte e Ressurreição, redimiu toda a humanidade. O cristão, discípulo missionário, identifica-se com Jesus e compartilha das consequências do seguimento, do seu destino, inclusive da cruz, se for necessário: "Se alguém quer vir após mim, negue-se a si mesmo, carrega a sua cruz e siga-me (Mc 8,34)". A própria natureza do cristianismo consiste, portanto, em reconhecer a presença de Jesus e segui-lo. O Evangelho nos orienta que o cuidado doentio da própria vida vai contra a proposta de Jesus: "Quem aprecia sua vida terrena, a perderá" (Jo 12,25). A vida ganha um novo sentido quando vivida com liberdade interior, na doação e no serviço em vista do bem do outro. Quem quer viver no seguimento de Jesus precisa crescer e amadurecer na fé, professá-la e testemunhá-la com coragem e perseverança.

> Ler e meditar:
> ✓ No Documento de Aparecida, os números 136, 140 e 244.
> ✓ Número 1816 do Catecismo da Igreja Católica.

4. MEDITANDO A PALAVRA

Convidar os catequizandos a refletirem e anotarem as respostas às questões e depois partilhar com o grupo:
- ✓ O que a Palavra de Deus diz para você?
- ✓ Que ensinamento ela lhe dá?
- ✓ Que atitudes precisamos ter para seguir Jesus?
- ✓ Como podemos seguir Jesus em nossa vida?

5. REZANDO COM A PALAVRA

Questionar todos sobre:
- ✓ O que a Palavra faz você dizer a Deus hoje?
- ✓ Que oração vai dirigir ao Pai?

Orientar que, diante da cruz, cada um faça sua oração silenciosa.

Comentar que no Evangelho de hoje Jesus convida cada um a carregar a sua cruz para poder segui-lo. Dizer que irão passar a cruz de mão em mão e pedir que cada um faça um gesto: beijar, inclinar a cabeça, fazer um pedido ou outro que expresse seu respeito.

Motivar o grupo a rezar de mãos dadas a oração do Senhor: *Pai nosso...*

Encerrar este momento com um canto, por exemplo: *Louvado sejas meu Senhor.*

6. VIVENDO A PALAVRA

Orientar que cada um assuma um compromisso com o grupo, a partir da pergunta: como podemos viver a proposta de Jesus no nosso dia a dia, nesta semana, em casa, na escola, com os colegas e amigos?

Incentivar que a escolha seja por algum gesto concreto.

6º ENCONTRO

CREIO: FUNDAMENTO DA NOSSA FÉ

Sentido do encontro

O Creio resume a fé que os cristãos professam.

Neste encontro, queremos conhecer e aprofundar o conteúdo da nossa fé, pois "Quem diz 'creio', diz: 'dou minha adesão àquilo que nós cremos'. A comunhão na fé precisa de uma linguagem comum da fé, normativa para todos e que una na mesma confissão de fé" (CIgC n. 185). É isso que quer dizer "profissão de fé", pois resume a fé que os cristãos professam (cf. CIgC n. 194 e 197). Rezar o Creio é estar em comunhão com a Trindade Santa – Pai, Filho e Espírito Santo – e em comunhão com toda a Igreja.

Objetivo

Compreender que no Creio encontram-se os fundamentos da nossa fé cristã.

Ambientação

Bíblia, vela, imagens de pessoas reunidas em comunidade – Igreja.
Preparar o texto do Creio para cada catequizando.

Acolhida

Manifestar alegria pela presença de cada um dos catequizandos, desejando-lhes um feliz encontro.

1. OLHANDO PARA A VIDA

Retomar o compromisso do encontro anterior. Cada um partilha o que fez para viver como cristão comprometido com a Igreja, com a proposta de Jesus.

Continuando a partilha, questionar:

- ✓ Em que ou em quem as pessoas acreditam hoje?
- ✓ Vocês conhecem a oração do Creio? Costumam rezar em casa com a família?

2. ORAÇÃO INICIAL

Acende-se a vela...

Comentar que professar a fé significa reconhecer publicamente e expressar em que acreditamos. Na missa, somos convidados a professar a nossa fé, dizendo junto o Creio, em que estão contidas as verdades da nossa fé cristã.

Motivar a fazerem o sinal da cruz e rezarem cantando: *Creio, Senhor, mas aumentai minha fé!* (Letra: D. Carlos Alberto Navarro; Música: David Julien).

3. ESCUTANDO A PALAVRA

Escolher um refrão conhecido do grupo e convidar a cantarem para aclamar a Palavra do Senhor.

Proclamar o Evangelho segundo São João 12,44-47.

Pedir que, em silêncio, cada um releia o texto.

Orientar que reflitam e anotem as respostas às seguintes questões:
- a) O que o texto diz?
- b) Quem enviou Jesus?
- c) Qual versículo mais chamou sua atenção?

> ### Compreendendo a Palavra
>
> Ao dizermos "Creio em Deus Pai, todo-poderoso", o fazemos por acreditar que Deus é o Pai Criador e professamos nossa fé n'Ele. Ao professar a fé, podemos nos inspirar na ação dos discípulos de Jesus Cristo, pois eles nos dão o exemplo de como é possível torná-la visível nas ações do cotidiano. Eles, com sua vida, nos revelam que aquele que tem fé age de acordo com a missão de Cristo, que é anunciar o Reino de Deus para todas as pessoas (cf. Mc 16,15). Sendo os Apóstolos os primeiros a receberem e assumirem essa missão, deixaram-na aos seus sucessores, e ainda hoje ela é missão da Igreja, ou seja, de todo cristão. A fidelidade dos Apóstolos ao que foi transmitido por Jesus Cristo é denominada de Símbolo dos Apóstolos. Ao fazer a confissão de fé, a pessoa afirma sua convicção de pertencer a Deus Pai, a Jesus Cristo, seu Filho, e ao Espírito Santo. Nesse sentido, a convicção de fé é de ordem individual e ao dizê-la fala-se na primeira pessoa do singular, ou seja, diz-se: "Creio"! Esse é o início da profissão do Símbolo dos Apóstolos. E o nosso crer é renovado quando realizamos as promessas do Batismo durante a Vigília Pascal, quando confirmamos: "Sim, creio!" (cf. RIXEN; VILLALBA, 2011).

Para aprofundar e refletir

Desde o início, a Igreja viveu o mandato de Jesus: "Ide pelo mundo inteiro e anunciai a Boa nova a toda a criatura" (Mc 16,15). Missão confiada aos Apóstolos sob o impulso do Espírito, no Pentecostes, de transmitir a mensagem de Jesus. A primeira profissão de fé é feita no dia do Batismo, onde todos são interrogados sobre a fé que professam, expressando assim sua pertença a Deus Pai, a Jesus Cristo e ao Espírito Santo. O Símbolo da Fé não é de inspiração ou de ideias humanas, recolheu-se da Sagrada Escritura o que existe de mais importante para dar, na sua totalidade, a única doutrina da fé. Como lemos no Catecismo da Igreja Católica,

> como a semente de mostarda contém em um pequeníssimo grão um grande número de ramos, da mesma forma esse resumo da fé encerra em algumas palavras todo o conhecimento da verdadeira piedade contida no Antigo e no Novo Testamento (CIgC, n. 186).

O Creio nos oferece as essenciais verdades do conhecimento, necessárias à salvação, por isso torna-se luz para todos que nele buscam saciar-se da fonte da verdade.

A profissão de fé dos cristãos é feita na primeira pessoa do singular: "Creio"! Isso porque cada pessoa tem sua própria história diante de Deus, ninguém professa a fé pelo outro.

Ler e meditar:
- ✓ Os textos bíblicos de: Jo 12,44-47; Mc 16,15; Is 43,1-3.
- ✓ Os números 188 e 199 do Catecismo da Igreja Católica, para melhor compreender o sentido do Creio, nossa profissão de fé.

---

4. MEDITANDO A PALAVRA

Convidar os catequizandos a refletirem e conversarem sobre:
- ✓ Você crê em Deus Pai, em Jesus Cristo e no Espírito Santo?
- ✓ Você acredita que Jesus morreu e ressuscitou?
- ✓ Você crê na Igreja, na remissão dos pecados, na ressurreição da carne e na vida eterna?
- ✓ Em que momento da Santa Missa professamos nossa fé?

5. REZANDO COM A PALAVRA

Orientar que os catequizandos localizem no fim de seus livros o Creio. Também poderá preparar o texto para ser visualizado por todos em cartaz ou outro recurso, motivando o grupo a professar a fé buscando prestar atenção às palavras.

Após a profissão de fé, explorar junto ao grupo o que entendem sobre o que declararam no Creio. Questione-os: em quem devemos crer?

Peça para estenderem as mãos em direção à vela acesa, cantando: *Creio, Senhor, mas aumentai minha fé!* (Letra: D. Carlos Alberto Navarro; Música: David Julien).

6. VIVENDO A PALAVRA

Orientar a partilharem com os pais ou responsáveis o que entenderam sobre o tema do encontro e convidar a professarem juntos o Creio. Depois, conversar sobre as questões: onde deve estar centrada nossa fé? Em quem nós cremos?

7º ENCONTRO

JESUS PROMETE O SEU ESPÍRITO

Sentido do encontro

O Espírito é a memória de Jesus que continua sempre viva e presente na comunidade. Esse é o Espírito que ajuda a comunidade a manter e a interpretar a ação de Jesus em qualquer tempo e lugar. Neste encontro, vamos aprofundar o conhecimento e a vivência do Espírito Santo como animador da nossa vida e da nossa caminhada enquanto Igreja; sendo ele nosso advogado, nosso defensor. O Espírito nos ajuda a discernir os acontecimentos para continuar o processo de libertação, distinguindo o que é vida e o que é morte e realizando novos atos de Jesus na história.

Objetivo

Reconhecer que o Espírito Santo é a força que dinamiza as pessoas e as comunidades.

Ambientação

Colocar em destaque sobre um tecido branco: a Bíblia, uma vela grande e, saindo dela, sete faixas ou fitas vermelhas, simbolizando os dons e a cor litúrgica do Espírito Santo.
Selecionar um refrão de algum canto para a oração inicial.

Acolhida

Acolher os catequizandos com alegria, simpatia e dedicação.

1. OLHANDO PARA A VIDA

Retomar o compromisso do encontro anterior. Como foi a experiência de professar a fé por meio do Creio com sua família?

2. ORAÇÃO INICIAL

Acende-se a vela...

Convidar para iniciar este momento cantando o refrão de um canto.

Motivar os catequizandos a pedirem a manifestação do Espírito Santo em suas vidas com orações espontâneas e, ao final de cada prece, cantar: *Envia teu Espírito, Senhor*.

3. ESCUTANDO A PALAVRA

Proclamar o Evangelho segundo São João 14,15-17.

Orientar a relerem em silêncio o texto proclamado.

Solicitar que reflitam e façam anotações, buscando responder às seguintes questões:

- a) O que o texto diz?
- b) Quais são as características do Espírito Santo apresentadas no texto bíblico?
- c) Qual a promessa que Jesus faz aos Apóstolos?

Pedir para destacarem alguma frase ou expressão que mais chamou a atenção.

Compreendendo a Palavra

Várias traduções usam palavras diferentes para o Espírito Santo: Advogado, Ajudador, Consolador. A palavra grega *parakletos* denota o Ajudador ou Conselheiro que está sempre presente para oferecer um cuidado especial em tempos de necessidades. Mas o Espírito Santo é mais do que um consolador, ajudador e conselheiro. Ele também é advogado e encorajador. "O Espírito é a memória de Jesus que continua viva e presente na comunidade ajudando-a a manter e interpretar a ação de Jesus em qualquer tempo e lugar" (BÍBLIA PASTORAL, 1990, nota p. 1313).

O biblista Ildo Bohn Gass (2017) afirma que Jesus não nos deixou sozinhos para realizar a missão de amar e de lutar por vida digna para todos. Ele prometeu que pediria ao Pai para enviar outro advogado, consolador ou defensor, o Espírito Santo, o Espírito da Verdade. Em sua promessa, deixa claro que é ele quem realizará o projeto de Jesus em cada um de nós, para que fosse possível trilharmos o caminho da verdade que conduz à liberdade plena. Assim, o Espírito da Verdade exerce a mesma função de Deus no Antigo Israel, isto é, de defender, libertar e resgatar o seu povo do sofrimento e da perseguição (Jó 19,25; Isaías 41,14; 48,17).

Para aprofundar e refletir

A força que renova a Igreja é fruto do Espírito prometido por Jesus, quando afirmou que não nos deixaria órfãos, mas enviaria o Paráclito para compreender tudo aquilo que Ele havia falado. Esse mesmo Espírito continua presente e atuante na vida da Igreja e na vida de cada cristão, inspirando suas ações e suscitando os diferentes dons e serviços (cf. Rm 12,4-8).

Cirilo de Alexandria ressalta que o Espírito Santo dará aos seguidores de Jesus a capacidade de compreender toda a sua mensagem. O Espírito Santo transforma noutra imagem aqueles em quem habita. Facilmente ele os faz passar do amor das coisas terrenas à esperança das realidades celestes; do temor e da indecisão à firme e generosa fortaleza de alma. Foi o que aconteceu com os discípulos animados e fortalecidos pelo Espírito; nunca mais se deixaram intimidar pelos seus perseguidores, permanecendo inseparavelmente unidos e fiéis ao amor de Cristo (cf. LITURGIA DAS HORAS, 2000, p. 897).

> Ler e meditar:
> ✓ Os textos bíblicos de: 1Cor 12,4-11; At 2,2-3.
> ✓ Os números 691 e 692 do Catecismo da Igreja Católica.

4. MEDITANDO A PALAVRA

Motivar os catequizandos a refletirem sobre:
- ✓ O que a Palavra proclamada lhe diz?
- ✓ Quem é o Espírito Santo?
- ✓ Como podemos cultivar a presença do Espírito Santo em nossa vida?

Comentar que no encontro anterior aprenderam que, no Creio, dizemos "Creio no Espírito Santo". Relembrar os aprendizados e conduzir a continuar refletindo a partir das perguntas:
- ✓ Será que acreditamos na sua força, na sua luz, na vida que Ele nos dá?
- ✓ Que atitudes de nossa família e da nossa comunidade precisam da ação renovadora do Espírito Santo?

5. REZANDO COM A PALAVRA

Motivar cada um a responder: o que a Palavra e este encontro os faz dizer a Deus?

Orientar que, em silêncio, cada uma peça a força do Espírito Santo sobre si, sobre sua família e sua comunidade. Depois, solicite que cada um escreva sua oração e partilhe com o grupo.

Após cada oração, repetir juntos: *Vem, Espírito Santo, vem, vem nos iluminar.*

Pedir que todos procurem na Bíblia e rezem juntos o Salmo 104.

6. VIVENDO A PALAVRA

Pedir que cada um reflita: qual compromisso vamos assumir nesta semana pela força do Espírito de Deus?

Motivar a escolher alguma ação, algum gesto bem concreto relacionado aos dons do Espírito.

8º ENCONTRO

O ESPÍRITO SANTO ANIMA A IGREJA

Sentido do encontro

O Espírito Santo é também guia na escuridão.
É importante compreender que em um mundo com tantas encruzilhadas há necessidade da força iluminadora do Espírito que conduz pelo caminho certo, assim como guiou o povo de Israel no deserto. Como o salmista, precisamos invocá-lo, a fim de que nos oriente na justiça (cf. Sl 5,8), na verdade (cf. Sl 25,5) e no conselho (cf. Sl 72,24). É Ele quem ensina o que é bom e nos conduz pelo caminho que devemos seguir (cf. Is 48,17).

Objetivo

Reconhecer que o Espírito Santo é a força que dinamiza as pessoas e as comunidades.

Ambientação

No chão, sobre um tecido branco e um outro na cor do tempo litúrgico, dispor os seguintes símbolos: Bíblia, vela, flor, o Espírito Santo um desenho de línguas de fogo.

Acolhida

Expressar alegria e contentamento pelo retorno e presença de cada um.

1. OLHANDO PARA A VIDA

Retomar o compromisso do encontro anterior, motivando a partilha entre os catequizandos.
Questionar: como a Igreja apresenta a manifestação do Espírito Santo?

2. ORAÇÃO INICIAL

Acende-se a vela...

Motivar os catequizandos a rezarem com fervor a oração do Espírito Santo: *Vinde Espírito Santo, enchei os corações dos vossos fiéis...*

Convidar a cantarem, preparando-se para ouvir a Palavra do Senhor: *Eu navegarei* (Azmaneth Carneiro da Silva).

3. ESCUTANDO A PALAVRA

Proclamar o texto bíblico de At 2,1-12.

Reler o texto uma segunda vez. Pode-se pedir que cada catequizando leia um versículo.

Pedir para recontarem a história com as próprias palavras identificando os fatos, as pessoas e suas reações. Depois, solicitar para pensarem e anotarem qual versículo mais lhes chamou a atenção.

Compreendendo a Palavra

Pentecostes era uma das três maiores festas judaicas. As outras duas eram a Páscoa e a Festa dos Tabernáculos. Pentecostes vem da palavra grega cinquenta, termo usado pelo fato de a festa ser celebrada no quinquagésimo dia após o sábado da Páscoa. Essa celebração também era conhecida como Festa das Semanas, Festa dos Primeiros Frutos ou das Primícias. Esse dia de Pentecostes é o dia das primícias da Igreja de Cristo, o começo da grande colheita das almas que viriam a conhecer a Cristo e a se unirem à Igreja por meio da obra do Espírito Santo. Assim, o Espírito Santo permanece na Igreja vivificando-a, pois Ele é para a Igreja fonte de vida eterna.

Para aprofundar e refletir

O Espírito Santo, para realizar sua missão, dota e dirige a Igreja mediante os diversos dons e carismas, a faz rejuvenescer e renova-a com a força do Evangelho (cf. LG, n. 4). A Igreja enriquecida com dons e carismas continua a missão de seguir com fidelidade os ensinamentos de Jesus vivendo na humildade, na caridade e empenhando-se em anunciar o Reino de Deus e, fazendo com que ele chegue a todos os povos; desse Reino, ela constitui na Terra o germe e o início. João Paulo II dizia que a presença e a ação do Espírito não atingem apenas os indivíduos, mas também a sociedade, a história, os povos, as culturas e as religiões. Ele está na base de todos os ideais nobres e das iniciativas benfeitoras da humanidade peregrina. O Espírito, que sopra onde quer e que já operava no mundo antes da glorificação do Filho, que enche o universo, abrangendo tudo e de tudo, tem conhecimento, induz-nos a estender o olhar para podermos melhor considerar sua ação, presente em todo tempo e lugar (cf. RMi, n. 28-29).

> Ler e refletir:
> ✓ O texto bíblico de Atos dos Apóstolos 12,1-14.
> ✓ Os números 767 e 768 do Catecismo da Igreja Católica.
> ✓ O número 4 da Constituição Dogmática *Lumen Gentium*.

4. MEDITANDO A PALAVRA

Convidar os catequizandos a refletirem e conversarem sobre:

- ✓ O que este encontro sobre o envio do Espírito Santo e sobre a Igreja nascente diz e ensina para nós?
- ✓ Nós sabemos acolher o Espírito Santo em nossa vida, os seus dons e a sua inspiração?
- ✓ O que o Espírito Santo faz em sua vida? Você está aberto para isso?

Comentar e questionar: os ministérios são serviços para a organização da comunidade. De quais deles sua comunidade tem necessidade?

Distribuir entre os catequizandos papeizinhos e, em grupos, conversar e depois pedir para anotarem em seus livros quais são os ministérios existentes na comunidade deles.

5. REZANDO COM A PALAVRA

Motivar a refletir sobre o que vamos dizer a Deus hoje em nossa oração?

Orientar que, em silêncio, rezem e escrevam sua oração a partir da Palavra de Deus que ouviram. Depois, solicitar que, inspirados na sua oração pessoal, façam preces espontâneas e, a cada prece, todos repitam: *Enviai, Senhor, o Espírito Santo, dom de Deus*.

Encerrar este momento com um canto.

6. VIVENDO A PALAVRA

Sugerir que o compromisso da semana seja pesquisar quais são os serviços e pastorais que existem na comunidade e o que fazem.

Concluir o encontro com um canto.

LEMBRETES

- ✓ Marcar o dia e o horário da celebração do rito da entrega do Creio.
- ✓ Combinar com o padre e a equipe litúrgica de enviar convites aos pais, introdutores e padrinhos.

9º ENCONTRO

OS DONS DO ESPÍRITO EM NOSSA VIDA

Sentido do encontro

Na Confirmação, recebemos o Espírito Santo, dom de Deus.
Os dons que cada um tem podem ser colocados a serviço das pessoas e da comunidade. Embora sejam muitos os serviços e os ministérios, todos devem contribuir para a comunhão eclesial, pois "há um só Senhor, uma só fé, um só Batismo, um só Deus e Pai, acima de todos, no meio de todos e em todos" (Ef 4,5-6). Ele estará conosco para nos ajudar a vida inteira e nos ajudará a compreender os dons e carismas que cada um tem e pode colocar a serviço da vida e das pessoas.

Objetivo

Compreender que os sete dons do Espírito Santo capacitam para viver e testemunhar toda a mensagem de Jesus.

Ambientação

No centro da sala, sobre um tecido da cor do tempo litúrgico, colocar a Bíblia, vela, flores e balões, tendo dentro de cada um, escrito em uma tira de papel, um dom do Espírito Santo conforme o texto bíblico sugere.

Acolhida

Acolher o grupo de catequizandos com uma expressão carinhosa e o desejo de paz.

1. OLHANDO PARA A VIDA

Retomar o compromisso do encontro anterior solicitando que compartilhem o resultado da pesquisa realizada: o que descobriram? Quais são os serviços, as pastorais que conseguiram conhecer?
Solicitar que expliquem o que fazem as pastorais.

2. ORAÇÃO INICIAL

Acende-se a vela...

Motivar a fazerem uma oração espontânea pedindo sobre nós os dons do Espírito Santo e para que estes sejam guias a nos orientar durante o encontro.

Propor cantar a música *Os sete dons do Espírito Santo* (Eliana Rodrigues) ou outro conhecido.

3. ESCUTANDO A PALAVRA

Proclamar o texto bíblico de 1Cor 12,1-11.

Motivar a releitura do texto bíblico pedindo para cada catequizando ler um versículo.

Orientar a pensarem e fazerem anotações a partir das questões:

a) O que o texto proclamado diz?

b) O que mais chamou sua atenção nesta leitura?

Compreendendo a Palavra

O texto bíblico que lemos neste encontro nos ensina o que Paulo fala dos dons espirituais, compreendidos como carismas em si ou como pessoas com carismas, com dons que lhes foram concedidos pelo Senhor para que pudessem exercê-los em suas atividades e beneficiar a comunidade. Os carismas são muitos e provêm do Espírito que tudo unifica e somente têm sentido se exercidos no serviço às pessoas.

Os sete dons do Espírito Santo "Em plenitude pertencem a Cristo, Filho de Davi. Completam e levam à perfeição as virtudes daqueles que os recebem. Tornam os fiéis dóceis para obedecer prontamente às inspirações divinas" (CIgC, n. 1831).

Da parte de Deus, os dons são intervenções especiais do Espírito, que, por primeiro, toma a iniciativa e que se adapta às diferentes situações humanas, de acordo com as circunstâncias. Da parte humana, por outro lado, esses mesmos dons exigem abertura ao agir divino, a fim de nos orientar ao fim último: Deus.

Para aprofundar e refletir

Os carismas, por sua vez, constituem graças especiais por meio dos quais o Espírito torna os fiéis aptos e prontos a assumirem as responsabilidades próprias de cada vocação, em vista da renovação espiritual, do desenvolvimento e da atuação na Igreja (cf. LG, n. 12). O autor, tanto dos dons como dos carismas, é o mesmo Espírito. Embora na doutrina comum da Igreja se fale em sete dons, sabemos que a ação do Divino Espírito superabundante a todos enriquece com sua presença, em todas as necessidades.

O Espírito Santo continua também hoje a distribuir os seus dons, os sete dons, e os distribui a cada um de nós, dentro de nossa realização vocacional. Dá a cada um como quer, "distribui os dons individualmente e a cada um, conforme entende" (1Cor 12,11). Não compete a nós exigi-los. Com os seus dons, ele nos torna capazes de assumir a nossa vocação e missão de cristãos, sendo promotores do bem comum na defesa e na dignidade de todos, obtendo uma sólida formação doutrinal, humana e apostólica, levando ao convívio da comunidade a nossa experiência e participação, sendo responsáveis pela construção da Igreja em suas múltiplas formas de apostolado e sentindo em nosso coração o particular convite de Cristo para apresentar ao mundo, à sociedade e ao meio ambiente em que vivemos o rosto de uma Igreja comprometida (cf. DP, n. 205-206).

> Ler e meditar:
> ✓ O número 12 da Constituição Dogmática *Lumen Gentium*.
> ✓ Os números 205 e 206 do Documento de Puebla.

4. MEDITANDO A PALAVRA

Convidar os catequizandos a refletirem e conversarem sobre:
- ✓ O que a Palavra de Deus nos falou? O que ela nos pede?
- ✓ Os dons que recebemos são presentes dados por Deus a cada um de nós. O que devemos fazer para que esses dons possam dar frutos?
- ✓ Como cada um valoriza os dons das pessoas e os seus e como pode colocá-los a serviço da comunidade?

Orientar que, reunidos em grupos, façam um cartaz com uma árvore bela e escrevam os dons do Espírito Santo.

5. REZANDO COM A PALAVRA

Solicitar que, em forma de oração, leiam o texto do Evangelho de Lucas 4,18-19, pedindo que cada um seja instrumento nas mãos de Deus, sob a ação do Espírito Santo.

Entregar um balão para cada um solicitando que o estourem e descubram qual o dom do Espírito que está dentro. Pedir que façam preces espontâneas relacionadas aos dons escritos nos papéis que têm em mãos.

6. VIVENDO A PALAVRA

Orientar que, em casa, partilhem com os pais os dons e pensem qual deles identificam estar mais presente na família e qual precisam dar mais atenção, ter mais cuidado para ser exercitado.

Solicitar que observem a dinâmica familiar e respondam: nossa família costuma participar da comunidade, colocando-se a serviço com os dons que recebeu do Espírito?

LEMBRETES

✓ Para o próximo encontro, trazer algum objeto de sua estimação.
✓ Lembrar novamente o dia e horário da celebração da entrega do Creio.

CELEBRAÇÃO: ENTREGA DO SÍMBOLO APOSTÓLICO

> ✓ **Por quê?** *Ao longo do processo catecumenal, o catequizando/catequizanda e os catecúmenos recebem da Igreja "o Creio, Símbolo da Fé" como o sentido mais profundo e comprometedor do amadurecimento de sua fé cristã.*
> ✓ **Com quem?** *Catequizandos e catequizandas no processo de Iniciação à Vida Cristã de inspiração catecumenal, acompanhados de seus pais, padrinhos e/ou introdutores.*
> ✓ **Quem preside?** *Pároco ou vigário (no caso de ser celebração da Palavra, o diácono ou o ministro da Palavra).*
> ✓ **Quando?** *Na celebração dominical, com a participação da comunidade.*
> ✓ *Providenciar o Círio Pascal (colocar em lugar de destaque no presbitério) e uma folha de pergaminho ou cartão contendo o Símbolo Apostólico, para ser entregue a cada catequizando. Se for oportuno, poderão usar camiseta branca.*

1. RITOS INICIAIS

Motivação inicial
Catequista: Hoje, com muita alegria, vamos viver um momento bastante significativo. Os catequizandos e catecúmenos, nos encontros de catequese, foram conhecendo as verdades de nossa fé, contidas no Creio, que é o Símbolo da Fé. Para continuarem nesse caminho, percebendo e experienciando a relação profunda entre fé professada, fé celebrada e fé vivida, a Igreja entrega o Símbolo Apostólico, ou seja, o Creio, a eles e a todos nós para continuarmos a nossa missão de transformar o mundo na direção do projeto do Reino de Deus.

Procissão de entrada (*se for oportuno, os catequizandos e catequizandas, com seus pais e padrinhos/madrinhas ou introdutores, poderão entrar em procissão*).

Saudação e exortação do presidente

2. APÓS A HOMILIA

Animador: Seguiremos agora o rito da entrega do Símbolo Apostólico.

Canto: *A nós descei, divina luz...*

Presidente da celebração: Fiquem em pé aqueles que receberão o Símbolo Apostólico.

Queridos catequizandos e catequizandas, parabéns pela sua caminhada neste processo de Iniciação à Vida Cristã com inspiração catecumenal. Agora, vocês escutarão da comunidade as palavras da fé pelas quais vocês serão salvos. São poucas, mas contêm grandes mistérios. Recebam e guardem essas palavras com pureza de coração. Quem preside começa o Símbolo, dizendo junto a toda a comunidade:

> Os pais e padrinhos/madrinhas e ou introdutores colocam as mãos nas costas dos catequizandos/catequizandas, pois são responsáveis por eles e pela sua educação na fé cristã.

Creio em Deus Pai todo-poderoso, criador do céu e da terra e em Jesus Cristo, seu único Filho, nosso Senhor, que foi concebido pelo poder do Espírito Santo; nasceu da Virgem Maria, padeceu sob Pôncio Pilatos, foi crucificado, morto e sepultado; desceu à mansão dos mortos, ressuscitou ao terceiro dia; subiu aos céus, está sentado à direita de Deus Pai todo-poderoso, donde há de vir a julgar os vivos e os mortos. Creio no Espírito Santo, na Santa Igreja Católica, na comunhão dos santos, na remissão dos pecados, na ressurreição da carne e na vida eterna. Amém.

Terminada a profissão de fé, o catequista se aproxima do presidente da celebração com a bandeja das folhas, pergaminhos ou cartões com o Creio, para que sejam abençoados.

Presidente (entrega o Símbolo da Fé com estas palavras ou outras semelhantes): *Queridos catequizandos, que o Espírito do Senhor lhes dê ciência para entender o Símbolo da Fé e fidelidade para guardar fielmente a santa doutrina!*

Todos: Amém.

Cada catequizando recebe o pergaminho ou cartão com o Símbolo Apostólico com a mão direita. Se o grupo for muito grande, os catequistas podem auxiliar o presidente da celebração.

Presidente (convida os catequizandos e catequizandas a se ajoelharem):
Oremos, pelos nossos catequizandos e catequizandas, que o Senhor, nosso Deus, abra os seus corações e as portas da misericórdia, para que, vindo a receber – nas graças dos sacramentos – o perdão de todos os seus pecados, sejam incorporados no Cristo Jesus.

Todos: Amém (todos rezam em silêncio).

Presidente: (com as mãos estendidas sobre os catequizandos/catequizandas):
Senhor, fonte da luz e da verdade, imploramos vosso amor de Pai em favor destes catequizandos e catequizandas, "purificai-os e santificai-os; dai-lhes verdadeira ciência, firme esperança e santa doutrina para que se tornem dignos da graça do Batismo" (que já receberam ou que vão receber). Por Cristo, nosso Senhor" (RICA, n. 187).

Todos: Amém.

Catequizandos (rezam juntos): *Esta é a nossa fé e nela queremos crescer e morrer. Esta é a nossa fé que queremos defender e propagar por nossa vida e pelo nosso testemunho, pelo falar, escrever e agir. Que o Senhor nos ilumine e nos fortaleça sempre. Amém.*

Presidente: Animados por estas verdades contidas no Creio, fundados na fé que recebemos no nosso Batismo, buscamos viver renascidos pela graça de Cristo, conformando-nos cada dia mais com Ele. Que esta água nos purifique e nos confirme na fé (aspersão).

Canto: à escolha.

Seguem as preces e a Liturgia Eucarística, se for na missa.

10º ENCONTRO

SACRAMENTOS: SINAIS DA PRESENÇA E DO AMOR DE DEUS

Sentido do encontro

Os sacramentos são marcados pela proposta de Deus e pela resposta da pessoa humana.
Com o encontro de hoje, iniciamos a reflexão sobre os sacramentos. Esta reflexão nos ajudará a compreender o que são e qual a importância para a nossa vida. Podemos dizer que os sacramentos são encontros. Sim, o encontro entre o divino e o humano na história. Jesus Cristo é o sacramento do Pai, o verdadeiro sacramento: Ele veio revelar o Pai. A Igreja é também sacramento pela força do Espírito Santo, sinal visível de Cristo. Os sacramentos constroem a Igreja, são os sinais concretos do amor de Deus. Vamos procurar entender e rezar a partir dessa realidade.

Objetivo

Compreender os sacramentos como sinais do amor de Deus na nossa vida e que, por meio deles, podemos fazer a experiência do encontro com Deus.

Ambientação

Preparar o ambiente com uma vela bonita, Bíblia, jarra com água, alianças, um vidrinho com óleo, um quadro com a pessoa de Jesus, pão, vinho, cruz e algum objeto de estimação dos catequizandos.

Acolhida

Acolher com alegria cada catequizando, receber os objetos de estimação que tenham trazido e colocá-los junto aos símbolos já preparados.

1. OLHANDO PARA A VIDA

Explorar como viveram a semana e o compromisso assumido no encontro anterior. Depois comentar que neste encontro irão compreender o que são os sacramentos e qual sua importância em nossas vidas. Esclarecer que este encontro fará um breve resumo sobre os sete sacramentos da Igreja, tendo em vista uma visão global, e, ao longo do itinerário, cada sacramento será trabalhado especificamente.

Questionar:
- ✓ Quais são os gestos e sinais que usamos a cada dia para dizer a alguém que gostamos dele, que lhe queremos bem?
- ✓ Existem sinais que são convencionais e nos indicam caminhos, atitudes, sentimentos. Quais são?

2. ORAÇÃO INICIAL

Acende-se a vela...

Motivar a traçarem o sinal da cruz e, em silêncio, olhar para os símbolos que estão colocados na sala, pensar sobre o que conhecem e sabem sobre cada um deles, se despertam alguma lembrança ou sentimento. Incentivar, após alguns minutos, a partilharem livremente o que sabem e suas lembranças e sentimentos relacionados aos símbolos expostos na sala de encontro.

Convidar a rezarem juntos: *Glória ao Pai e ao Filho e ao Espírito Santo...*

Encerrar este momento com um canto, preparando-os para acolher a Palavra que será proclamada.

3. ESCUTANDO A PALAVRA

Proclamar o Evangelho segundo São Marcos 7,31-35.

Orientar a relerem o texto proclamado com atenção.

Solicitar que reflitam e façam anotações, depois partilhem com o grupo:
- ⓐ Qual versículo ou palavra mais lhe chamou atenção?
- ⓑ Quais os gestos e os sinais que aparecem no texto bíblico? Quem os faz?

Compreendendo a Palavra

Os gestos de Jesus no Evangelho que foi lido são gestos que restauram a pessoa, dão-lhe vida. O toque é um gesto concreto, um sinal sensível: a pessoa sente, percebe, reconhece. O surdo-mudo, certamente pessoa sofrida e incapaz de falar corretamente, encontra alento e acolhida na compaixão de Jesus. Essa compaixão leva Jesus a atender o pedido para realizar uma cura. Ao mesmo tempo, ordena-lhe que não espalhe a notícia. Jesus leva o surdo-mudo para longe da multidão, coloca

> *os dedos nos ouvidos, toca-lhe a língua com a saliva, levanta os olhos para o céu, suspira e diz: "Efatá" (abra-te). "Ele faz bem todas as coisas" (Mc 7,37b). Todos que ali estavam ficaram admirados com sua atitude, com seus gestos.*
>
> *A partir dos gestos de Jesus, compreendemos que os sacramentos são sinais sensíveis e eficazes da graça. Instituídos por Cristo e confiados à Igreja, eles nos possibilitam a vida divina (cf. CIgC, n. 1131). Não são ritos mágicos, mas devem levar a uma vivência. Os sacramentos são "da Igreja", existem "por meio dela", pois manifestam a ação de Cristo que nela continua, e são "para ela" no sentido que constroem a Igreja (cf. CIgC, n. 1118).*

Compreendendo melhor os sacramentos

Os sacramentos que recebemos são sinais da presença de Deus Pai, Filho e Espírito Santo na vida do cristão. Com eles, recebemos a graça de Deus e a fé para fortalecer a vida, perseverar no bem e caminhar na compaixão. Os sete sacramentos cobrem a vida inteira do cristão, do nascimento (Batismo) até a morte (Unção dos Enfermos). Podemos compreendê-los desta forma:

Sacramentos da iniciação cristã

Batismo, Crisma e Eucaristia são como um único sacramento celebrado em momentos diferentes. A Iniciação à Vida Cristã se torna um conjunto orgânico do mistério cristão e da missão eclesial. É o processo pelo qual entramos na vida cristã, tornamo-nos cristãos, aprendemos a viver como cristãos. Tertuliano nos diz: "Não nascemos cristãos, nos tornamos cristãos". Os sacramentos são consequência de uma fé assumida, mas é também realimentação contínua dessa fé. Com os sacramentos da iniciação cristã – Batismo, Crisma e Eucaristia – são colocados os alicerces de toda a vida cristã. Nascidos para uma vida nova pelo Batismo, os fiéis são efetivamente fortalecidos pelo Sacramento da Crisma e, depois, nutridos com o alimento da vida eterna na Eucaristia. Com eles, a pessoa está em condições de experimentar mais profundamente os tesouros da vida divina e de progredir até alcançar a perfeição da caridade (cf. CIgC, n. 1212).

O **Batismo** é o primeiro sacramento que recebemos. Ao nascer, a pessoa recebe a vocação humana; no Batismo, recebe a vocação cristã e dessa forma assume viver o seguimento de Jesus, ser discípula e missionária. Com ele, começamos a fazer parte da Igreja Católica e parte da grande família de Deus. Sem o Batismo não é possível receber outro sacramento.

A **Crisma** expressa e supõe a força especial do Espírito para cumprir a missão profética em meio ao mundo, para edificar em unidade a Igreja, Corpo de Cristo, e defender a verdade do Evangelho nas diversas situações da vida. Pela Crisma, selados no mesmo Espírito, somos chamados a viver mais intensamente a intimidade com Cristo e a fortalecer o amadurecimento na fé. Pelos seus efeitos, fortalece-nos na vivência da filiação divina que nos faz dizer "*Abba*, Pai" (Rm 8,15); une-nos mais solidamente a Cristo e aumenta em nós os dons do Espírito Santo. Por isso, a Crisma não é somente uma simples confirmação dos compromissos assumidos com o Batismo, mas tem também a finalidade de conferir o Espírito Santo, simbolizando a participação do fiel em Pentecostes, marcando-o como enviado na missão que Cristo deu à sua Igreja (cf. Doc 107, n. 131). A Crisma é a consumação do Batismo.

A **Eucaristia** é a consumação da iniciação cristã, pois o batizado, incorporado à comunidade eclesial, reproduz o único sacrifício, que é o seu. Por isso, o batizado participa da Liturgia Eucarística e oferece a sua vida ao Pai associada ao sacrifício de Cristo. É o Cristo inteiro, cabeça e membros, que se oferece pela salvação da humanidade. Assim, aclamamos na Oração Eucarística III: "Fazei de nós uma oferenda perfeita".

A configuração em Cristo vai se consolidando e aprofundando progressivamente pela participação na vida sacramental da Igreja. Por isso, na Eucaristia dominical é ofertado o sacrifício de louvor de toda a sua vida entregue ao Reino. O Batismo e a Crisma realizam por sua vez a configuração no mistério da Páscoa, e a Eucaristia é o ápice dessa configuração a Cristo e a participação de toda a comunidade no mistério pascal de Cristo.

Sacramentos da cura: Reconciliação e Unção dos Enfermos

A **Reconciliação ou Confissão** – Jesus confiou à Igreja, nascida pelo Espírito Santo, o encargo de perdoar ou não os pecados da humanidade. Ele disse a Pedro, o chefe dos Apóstolos: "Eu lhe darei as chaves do Reino do Céu, o que você ligar na terra será ligado no céu, e o que você desligar na terra será desligado no céu" (Mt 16,19). "Aqueles que se aproximam da penitência obtêm da misericórdia divina o perdão da ofensa feita a Deus e, ao mesmo tempo, são reconciliados com a Igreja que feriram pecando, e a qual colabora para sua conversão com caridade, exemplo e orações" (CIgC, n.1422). É sacramento da misericórdia de Deus. Jesus nos mostrou o coração misericordioso do Pai. O sinal desse sacramento, após o exame de consciência e a confissão dos pecados, é a absolvição, o perdão dos pecados. O padre pronuncia as seguintes palavras: "*Eu, em nome da Igreja, te absolvo dos teus pecados, em nome do Pai e do Filho e do Espírito Santo*".

A **Unção dos Enfermos** é um dos sete sacramentos instituídos por Jesus Cristo. Ele nos lembra que Jesus tinha uma atenção especial para com os doentes. É o sacramento da graça de Deus na vida de quem está fraco ou doente. A pessoa o recebe, normalmente, por ocasião de uma doença grave ou na iminência de morte. O sinal é o óleo dos enfermos abençoado pelo bispo na Quinta-feira Santa.

Sacramentos do serviço: Ordem e Matrimônio

A **Ordem** refere-se à ordenação diaconal, presbiteral e episcopal, ao ministério ordenado de diácono, padre e bispo. Todos os ministérios na Igreja são participação no serviço de Cristo. O específico de um ministério é servir. O padre é chamado para servir ao Reino de Deus, abandona tudo para seguir o seu Senhor, o Bom Pastor. A missão do ministro ordenado é evangelizar. Animado pelo testemunho de Jesus, não se cala diante das injustiças e das ameaças contra a vida, sobretudo dos pobres e indefesos. O sinal desse sacramento é o óleo. O bispo unge as mãos, se for padre, ou a cabeça, se for bispo, como sinal de consagração e de escolha.

O **Matrimônio** é o sacramento da comunhão (conjugalidade). O gesto de uma mulher e de um homem se doarem no amor e formarem família é sinal de Deus para com a humanidade. O sinal do amor mútuo entre marido e mulher são as alianças. As alianças que usam na mão são sinal de fidelidade e de pertença um ao outro. O casal que é fiel ao seu compromisso assumido, está sendo fiel ao Criador (cf. DIOCESE DE CAXIAS DO SUL, 2015).

Para aprofundar e refletir

Os sacramentos são sinais da presença de Deus e memoriais da ação misericordiosa de Cristo. Pela ação do Espírito Santo, agem nas pessoas que os recebem e possuem uma força de evangelização que renova a vida da Igreja. No Catecismo da Igreja Católica, lemos que os sacramentos são forças que produzem vida nas pessoas que os recebem porque saem do próprio Cristo, que é sempre vivo e presente, e agem na Igreja, que é o Corpo de Cristo.

Esses sacramentos são da Igreja, eles existem por meio dela e para ela. Sua celebração é muito rica e expressiva em gestos e sinais que realizam aquilo que significam. Os sacramentos são encontros entre o divino e o humano, na história, e como toda a fé, são marcados pela proposta divina e pela resposta humana, situam-se nos acontecimentos fundamentais da vida, para fazê-los participar do mistério pascal.

Ler e refletir:
- ✓ O texto bíblico de Mt 28,19-20.
- ✓ Os números 1116, 1117, 1118 e 1145 do Catecismo da Igreja Católica.
- ✓ O número 59 da Exortação pós-sinodal *Sacrossantum Concilium*.

4. MEDITANDO A PALAVRA

Incentivar os catequizandos a refletirem a conversarem sobre:
- ✓ O que a Palavra e o que foi aprendido com o catequista dizem para você?
- ✓ Como as pessoas costumam viver e se aproximar desses sinais, desses sacramentos que a Igreja nos oferece?

✓ Quais os sacramentos que cada um já recebeu e quais desejam ainda receber?
✓ De que maneira estão se preparando para isso?

5. REZANDO COM A PALAVRA

Incentivar a fazerem silêncio, fechar os olhos e, em oração, agradecerem a Deus por nos dar tantos sinais de seu amor.

Motivar a observarem os objetos expostos na sala de catequese, mencionando que nos lembram os diferentes sacramentos que a Igreja nos oferece ao longo de nossa vida.

Solicitar que cada um olhe e escolha um sinal, um símbolo, e faça uma oração a partir do que lhe inspira. Peça que a registre para que depois possa rezar em casa ou quando sentir necessidade.

Caso seja possível, o catequista poderá pegar algum dos símbolos e sugerir um gesto, por exemplo: partir o pão, tocar na água, beijar a cruz, conforme achar oportuno no momento e ao grupo.

Instruir a rezarem o Salmo 100(99) em grupo, e a cada dois versículos dizer: *Aclamai ao Senhor, ó Terra inteira.*

6. VIVENDO A PALAVRA

Como compromisso desta semana, sugerir que cada um procure saber se existe alguém na sua rua ou entre os vizinhos que ainda não recebeu nenhum sacramento ou que precisa completar sua iniciação cristã. No próximo encontro, peça que apresente ao grupo o nome e o endereço para, posteriormente, ser realizada uma visita.

LEMBRETES

✓ Trazer para o próximo encontro alguma fotografia ou a lembrança do próprio Batismo e a data em que foi celebrado.

11º ENCONTRO

BATISMO, NOVO NASCIMENTO EM CRISTO

Sentido do encontro

O Batismo, um mergulho na vida em Deus, abre-nos a possibilidade de recebermos os demais sacramentos.

No processo de Iniciação à Vida Cristã, o Batismo é o primeiro sacramento que recebemos. Com o Batismo, nascemos para a nova vida em Cristo Jesus, tornamo-nos novas criaturas. Ele é o fundamento de toda vida nova cristã, que permite entrarmos para a vida da comunidade cristã, pertencendo a uma família maior, assumindo uma identidade.

Objetivo

Compreender o sentido do Batismo em nossa vida e por que faz participar da Morte e Ressurreição de Jesus.

Ambientação

Bíblia, vela, um pote com água, toalha. Convidar os catequizandos a colocarem no ambiente as fotos ou lembranças que trouxeram do seu Batismo.

Acolhida

Acolher com alegria cada um, se possível, chamando-os pelo nome.

1. OLHANDO PARA A VIDA

Iniciar a conversa a partir do compromisso proposto no encontro anterior, questionando:
- ✓ Quem conseguiu saber sobre alguém que não foi batizado, crismado ou não recebeu a primeira Eucaristia?

✓ O que vocês sabem sobre o Batismo? Quando e onde cada um foi batizado? Quem são os padrinhos?
✓ Quem já participou de algum batizado? Como foi? De que mais gostou?

2. ORAÇÃO INICIAL

Acende-se a vela em silêncio...

Comentar que nós fomos batizados em nome da Trindade. Por isso, hoje, iniciamos nosso encontro traçando sobre nós o sinal do cristão, lembrando o sinal do nosso Batismo (cantar o *sinal da cruz*).

Convidar a cantarem: *Agora é tempo de ser Igreja.*

3. ESCUTANDO A PALAVRA

Proclamar o Evangelho segundo São João 3,1-6.

Orientar que releiam o texto do Evangelho.

Pedir ao grupo que retome o texto refletindo e faça anotações:

a) Quais são os personagens que aparecem no texto?
b) Como aconteceu o encontro de Jesus com Nicodemos? Qual foi o assunto da conversa deles?

Compreendendo a Palavra

Nicodemos era um chefe religioso, era Mestre em Israel. Parecia ser uma boa pessoa, mas tinha medo de assumir publicamente o projeto de Jesus. Pessoa influente entre os judeus, era fariseu e membro do Sinédrio (João 3,1). Ele foi até Jesus à noite, iniciou o diálogo com Ele elogiando sua fala, seus ensinamentos e suas ações em favor da vida do povo. O que será que se passava na mente de Nicodemos enquanto falava com Jesus? Ele ouve esta declaração: "Se alguém não nasce do alto não poderá ver o Reino de Deus" (Jo 33b). Nicodemos, você precisa começar tudo de novo se quiser entrar no Reino de Deus. Nascer de novo, assumir uma nova vida, uma nova postura diante do projeto de Jesus. Certamente não era essa a resposta que Nicodemos esperava. A resposta de Jesus significava que toda a religião de Nicodemos, toda a sua atividade no ensino, toda a sua posição no judaísmo era sem valor em relação ao domínio de Deus. As realizações do passado nada representam. Precisamos recomeçar tudo novamente para sermos capazes de entrar num relacionamento com Deus. Quem não nascer da água e do Espírito não poderá entrar no Reino dos céus. A vida nova nos vem da água e do Espírito.

Para aprofundar e refletir

O verbo grego "batizar" significa imergir, mergulhar (cf. CIgC, n. 1214). O banho com a água é um rito comum a vários credos para exprimir a passagem de uma condição para outra, sinal de purificação para um novo início. Imergindo-nos em Cristo, o Batismo nos torna também membros do seu Corpo, que é a Igreja, e partícipes da sua missão no mundo (cf. CIgC, n. 1213). Nós, batizados, não somos isolados: somos membros do Corpo de Cristo. A vitalidade que surge da fonte batismal é ilustrada por estas palavras de Jesus: "Eu sou a videira, vós os ramos. Quem permanecer em mim e eu nele, esse dá muito fruto" (cf. Jo 15,5). A vida do Espírito Santo passa de Cristo aos batizados, unindo-os em um só Corpo (cf. 1Cor 12,13).

O Batismo permite que Cristo viva em nós e nos torne unidos a Ele para sermos suas testemunhas. Recebido uma só vez, é a porta da vida espiritual, primeira participação no mistério cristão que abre o acesso aos demais sacramentos. É fundamento de toda a vida cristã que marca o começo do itinerário iniciático fundamental de identificação com Cristo no seu mistério pascal. Esse banho batismal ilumina a vida do catecúmeno, guiando-o no caminho da vida e do seguimento de Jesus. Libertados do pecado, torna-nos membros de Cristo, da Igreja e da sua missão.

Pelo Batismo, somos libertados do pecado e regenerados como filhos de Deus, tornando-nos membros de Cristo, e somos incorporados à Igreja e feitos participantes de sua missão.

> Ler e meditar:
> ✓ O texto bíblico de: Mc 1,9.
> ✓ O número 1213 do Catecismo da Igreja Católica.
> ✓ A catequese do Papa Francisco sobre o Batismo: "O Batismo 'cristifica' o fiel", de 11 abril 2018, na audiência geral.

4. MEDITANDO A PALAVRA

Mobilizar os catequizandos a meditarem e conversarem sobre:
- ✓ O que Evangelho de João ensina para cada um hoje?
- ✓ Como é possível nascer a cada dia para uma nova vida?
- ✓ Quais são os efeitos que o Batismo traz para nós?
- ✓ Quais são os gestos e os símbolos do Batismo?

5. REZANDO COM A PALAVRA

Orientar o grupo a se reunir em torno da água e conversar: qual a importância da água na vida das pessoas, dos animais e dos vegetais?

Após ouvir as percepções dos catequizandos, mencionar que a água é o símbolo fundamental para o Batismo, juntamente às palavras: "Eu te batizo em nome do Pai e do filho e do Espírito Santo".

Convidar a estenderem as mãos sobre a água que está ambientando o encontro e pedir a bênção de Deus, rezando juntos a oração (o catequista fala e o grupo repete):

> *Ó Deus da vida e da criação, fonte e origem de toda a vida, nós vos pedimos: abençoai esta água que lembra o nosso Batismo. Confiantes, pedimos a proteção de vossa graça. Concedei que jorrem sempre para nós as águas da salvação, para que, a cada dia, possamos nascer de novo para a vida em Deus. Que sejamos fiéis aos compromissos que nossos pais e padrinhos assumiram por nós no dia do nosso Batismo.*

Orientar cada catequizando a mergulhar a mão na água e traçar sobre si o sinal da cruz. Enquanto realizam esse gesto, motive-os a cantar *Banhados em Cristo* ou outro canto com o tema do Batismo.

Solicitar que, em silêncio, reflitam sobre o que desejam dizer ou pedir a Deus hoje, após tudo o que aprenderam.

Motivar a fazerem preces espontâneas. A cada prece, todos dizem, estendendo sua mão para a vela e para a Palavra de Deus: *Creio, Senhor, mas aumentai a minha fé!*

6. VIVENDO A PALAVRA

Como compromisso deste encontro, explicar que farão duas atividades:
- ✓ Conversar com os pais a respeito do seu Batismo, de seus padrinhos e do padre que os batizou.
- ✓ Procurar saber quando acontecem os batizados na sua paróquia e participar, prestando atenção nos gestos, nas palavras e nos símbolos usados.

12º ENCONTRO

O SACRAMENTO DA CRISMA: CONFIGURAÇÃO MAIS PLENA A CRISTO

Sentido do encontro

A Crisma é o Pentecostes do cristão. O Sacramento da Crisma ajuda o batizado a se fortalecer na fé.

Pelo Batismo, nos tornamos filhos, e pela Crisma, selados no mesmo Espírito, somos chamados a viver mais intensamente a intimidade com Cristo, amadurecendo na fé, com o auxílio do Espírito Santo, dom de Deus, para que seja uma testemunha viva de Jesus. A confirmação é necessária para "consumar a graça batismal". O Sacramento da Crisma expressa e supõe a força especial do Espírito para cumprir a missão profética no meio do mundo, para edificar na unidade a Igreja, Corpo de Cristo, e defender a verdade do Evangelho nas diversas situações da vida.

Objetivo

Conhecer o sentido e a importância do Sacramento da Crisma na vida do cristão batizado.

Ambientação

Cadeiras em círculo, um pano vermelho, uma vela grande, sete tiras de papel contendo os sete dons do Espírito Santo. Uma pequena vela para cada catequizando.

Acolhida

Acolher com alegria cada catequizando, entregando para cada um uma vela.

1. OLHANDO PARA A VIDA

Iniciar a conversa retomando os compromissos do encontro anterior e questionando: o que conseguiram fazer?

Explicar que a nossa vida é um processo, é um caminho. Cada um faz seus projetos pessoais, pensa o que quer ser na vida e como quer viver.

Pedir que comentem, a partir das perguntas propostas em seus livros, se já pensaram: o quer ser na vida e como viver? E no caminho da fé, o que cada um pensa sobre como vivê-lo?

Mencionar que estão se preparando para receber o Sacramento da Crisma e questionar: o que isso significa para vocês?

2. ORAÇÃO INICIAL

Acende-se a vela grande...

Convidar para, em silêncio, observarem os símbolos que ambientam o espaço e pedirem ao Espírito Santo que ilumine este encontro.

Após alguns instantes, motivar a cantarem: *Ó luz do Senhor* ou *Vem, vem, vem, vem* (Frei Luiz Turra).

3. ESCUTANDO A PALAVRA

Proclamar o Evangelho segundo São João 20,19-23.

Motivar a leitura do texto bíblico com atenção ao que é dito em cada versículo.

Orientar que tentem se situar na cena, imaginando-se como personagens.

Pedir que reflitam e anotem:

a) Quem está na cena?
b) Em que hora acontece a cena?
c) Quem fala e o que diz?

Compreendendo a Palavra

O texto do Evangelho de hoje é lido também no dia de Pentecostes, dia em que Jesus Ressuscitado aparece aos Apóstolos, que estão fechados, cheios de medo depois da morte de Jesus. O sopro divino rompe toda a passividade e o medo, impulsionando-nos para fora do nosso comodismo, da estagnação, da passividade que nos atrofia e nos leva para o mundo necessitado de luz, da verdade do Evangelho que liberta e nos reconcilia com o Pai: "A quem perdoardes os pecados, eles lhes serão perdoados" (Jo 20,23a). De modo misterioso, somos comprometidos com a salvação do mundo.

Quem é gerado pelo Espírito, quem nasce do Espírito, é chamado a gerar vida em plenitude. A missão será o grande testemunho de que Deus, de fato, nos gerou no seu Filho e nos fez vir à luz pelo seu Espírito. Sem o Espírito criador de Jesus, podemos acabar vivendo fechados sobre nós mesmos, fechados para a novidade que Deus nos oferece, fechados para a comunidade e a toda renovação. Dessa *forma, corremos o risco de viver uma religião parada, fechada, estática, como se todos os caminhos já estivessem traçados, não havendo espaço para o novo, para a nova criação. Pelo Sacramento da Confirmação, a pessoa é vinculada mais perfeitamente à Igreja, enriquecida da força especial do Espírito Santo, obrigada à fé que, como verdadeiras testemunhas de Cristo, deve difundir e defender tanto por palavras como por obras (cf. LG, n. 11).*

Para aprofundar e refletir

Renascidos que fomos pelo Batismo, somos fortalecidos pelo Sacramento da Crisma. O Papa Francisco, na audiência geral de 29 de janeiro de 2014, falou sobre a Crisma, explicando que ela é o sacramento que dá a força para viver como cristão, para lutar, sob a ação do Espírito Santo. Sobre isso, é preciso saber que:

> Pelo Batismo nos tornamos filhos e pela Crisma, selados no mesmo Espírito, somos chamados a viver mais intensamente a intimidade com Cristo, amadurecendo na fé. A Crisma pelos seus efeitos, nos fortalece na vivência da filiação divina e nos faz dizer "Abba, Pai" (Rm 8,15) (Doc. 107, n. 131).

A partir da Crisma, é possível reconhecer que aumentam em nós os dons do Espírito Santo. Os bispos do Brasil, no documento sobre a Iniciação à Vida Cristã, afirmam que a Crisma não é somente uma simples confirmação decorrente dos compromissos batismais, ela tem a finalidade de conferir o Espírito Santo e simbolizar a participação da pessoa em Pentecostes, identificando-a como enviada na missão dada por Cristo à sua Igreja (cf. Doc 107, n. 131). O Prefácio da Crisma apresentado no Missal Romano proclama que, no Batismo, nos é dado o dom da fé que nos faz participar do mistério pascal de Cristo. Pela Crisma, somos confirmados com o selo do Espírito Santo para celebrar o milagre de Pentecostes. Batismo e Crisma formam uma unidade muito estreita e nos direcionam para a Eucaristia, o sacramento da plenitude, da culminância da Iniciação à Vida Cristã.

> Ler e meditar:
> ✓ O número 131 do Documento 107 da CNBB.
> ✓ O número 1285 do Catecismo da Igreja Católica.

4. MEDITANDO A PALAVRA

Incentivar os catequizandos a refletirem e pensarem sobre:
- ✓ O que a Palavra diz para você e para o seu grupo que se prepara para o Sacramento da Crisma?
- ✓ Você está disposto a acolher o dom de Deus em nossa vida?

✓ Como vive quem está cheio do Espírito de Deus? Qual a novidade?
✓ Que atitudes novas revela quem está pleno do Espírito de Deus e dos seus dons?

5. REZANDO COM A PALAVRA

Convidar a se perguntarem: o que a Palavra me faz dizer a Deus?

Orientar para que cada um faça sua oração, invocando o Espírito de Deus, escrevendo-a, e depois pode partilhar no grupo.

Motivar cada um a acender a vela que recebeu na que está acesa desde o início do encontro, na sala. Após todos estarem com suas velas acesas dizer:

> *"Eu sou a luz do mundo", disse Jesus de si mesmo, e para os discípulos disse: "Vós sois a luz do mundo. Assim brilhe a vossa luz diante dos homens, para que vejam as vossas boas obras" (Mt 5,14.16).*

Convidar a cantarem ou rezarem, com as velas acesas o Salmo 104. Em seguida, pode-se dizer:

> *No Evangelho que hoje rezamos, Jesus saudou os discípulos dizendo: "A paz esteja com vocês"! Vamos nós também assumir esse gesto e nos cumprimentar como Jesus os cumprimentou.*

Pedir que se deem um abraço, dizendo uns para os outros: *A paz esteja com você!*

6. VIVENDO A PALAVRA

Solicitar que o grupo pense em algo para realizar sobre o que aprendeu e quer viver, questionando-o:

✓ Que compromissos podemos assumir individualmente e como grupo, a partir do encontro de hoje?
✓ Que atitudes novas vamos assumir para vivermos conforme o Espírito Santo nos inspira?

13º ENCONTRO

CONFIRMADOS PARA SERMOS FORTES NA FÉ CRISTÃ

Sentido do encontro

No meio das dificuldades da vida, precisamos ser fortes na fé para sermos fiéis a Jesus Cristo.
Os Apóstolos, ao receberem o Espírito Santo, sentiram-se fortes, corajosos e partiram para anunciar Jesus e testemunhar sua fé.
Com o dom do Espírito recebido no Sacramento da Crisma, somos fortalecidos para continuarmos com firmeza a mesma missão de Jesus. Somos chamados a anunciar Jesus com fé, com coragem, a sermos suas testemunhas e enviados a comunicar aos outros o que vimos e ouvimos.

Objetivo

Despertar nos catequizandos o desejo de se fortalecerem na fé cristã e no sentido de pertença à Igreja.

Ambientação

Cadeiras em círculo, vela, Bíblia, um quadro com imagem do Espírito Santo, um pequeno pote ou vidro com óleo perfumado e tiras de papel em branco.

Acolhida

Acolher os catequizandos desejando que a luz e força do Espírito os acompanhe neste encontro.

1. OLHANDO PARA A VIDA

Explicar que todos estamos buscando seguir o caminho de fé, de seguimento a Jesus e seus ensinamentos. No entanto, duran te esse percurso, encontramos dificuldades, que podem nos fazer desviar ou parar no meio do caminho.

Motivar os catequizandos a conversarem sobre quais são as dificuldades que encontramos para prosseguir no caminho de fé em nossa vida, na família, na escola, com os amigos e na comunidade.

Orientar que escrevam as dificuldades nas tiras de papel que lhes serão entregues. Depois, partilhar com o grupo e juntos encontrar algumas possibilidades que pode ajudá-los na superação dessas dificuldades e a perseverarem no seguimento a Jesus e seus ensinamentos.

2. ORAÇÃO INICIAL

Acende-se a vela...

Motivar a fazerem o sinal da cruz e rezar:

> Vinde, Espírito Santo, enchei os corações dos vossos fiéis e acendei neles o fogo do vosso amor. Enviai, Senhor, o vosso Espírito, e tudo será criado, e renovareis a face da Terra.
> Oremos: Deus, que instruístes os corações dos vossos fiéis com a luz do Espírito Santo, fazei com que apreciemos retamente todas as coisas, segundo o mesmo Espírito, e gozemos sempre de sua consolação. Por Cristo, Senhor nosso. Amém!

3. ESCUTANDO A PALAVRA

Proclamar o Evangelho segundo São Mateus 8,23-27.

Pedir que em silêncio, releiam o texto proclamado.

Solicitar que reflitam e anotem:

(a) Quem são os personagens presentes na cena? Onde estão?

(b) O que acontece com eles?

(c) Se estivesse na cena, junto aos personagens, onde você estaria?

Compreendendo a Palavra

O Evangelho da tempestade acalmada nos leva a refletir sobre o grau de confiança que temos na presença de Jesus na barca da nossa vida. Estamos todos no mesmo barco. É preciso confiar que quem conduz é Jesus. A nossa fé é o termômetro que nos mostra como estamos neste caminho, nesta travessia. Muitas vezes nos angustiamos, temos medo, somos inseguros, mas precisamos acreditar e ter consciência de que Ele está conosco, mesmo que aparentemente dormindo, mas tem conhecimento de tudo o que se passa conosco. Quando damos lugar a Jesus na barca que nos abriga, concedemos também a Ele autoridade para intervir e agir em nós em todos os momentos. "Senhor, salva-nos, pois estamos perecendo!" (Mt 8,25b). Esse é o nosso clamor, sinal de humildade e reconhecimento da nossa incapacidade. Por isso, é essa a oração que devemos fazer nos momentos de sufoco em nossa vida, da comunidade, da nossa sociedade, da Igreja.

Para aprofundar e refletir

O cristão é chamado a anunciar o Evangelho de Jesus ao mundo e de ser sua testemunha. Mesmo enfrentando desafios, dificuldades e perseguições, seguimos firmes, porque o Senhor nos garante que "ninguém tirará a vossa alegria" (Jo16,22). As dificuldades e os desafios da nossa vida, do mundo e da Igreja que se apresentam não podem ser motivo nem desculpa para diminuir o entusiasmo e o ardor do anúncio... pelo contrário, poderão fortalecer a fé, renovar a esperança e o amor. O Papa Francisco, na exortação apostólica *Evangelii Gaudium* n. 85, nos convida a refletir sobre as tentações que limitam o fervor e a ousadia causando uma sensação de derrota que torna as pessoas pessimistas, que vivem se lamentando e manifestando o seu desencantamento. Segundo o papa, nem uma pessoa pode empreender uma luta se antecipadamente não está plenamente confiante de que conquistará a vitória. Quem começa sem confiança, perdeu antecipadamente metade da luta e esconde os seus talentos. Contudo, ainda segundo nos diz o papa nesse mesmo número do documento: "Embora com a dolorosa consciência das próprias fraquezas, há de seguir em frente, sem se dar por vencido, e recordar o que disse o Senhor a São Paulo: 'Basta-te a minha graça, porque a força manifesta-se na fraqueza' (2Cor 12, 9)".

Ler e meditar:
- O Evangelho de João 16,16-24.
- Os números 84 e 85 do documento *Evangelii Gaudium* (alegria do Evangelho: sobre o anúncio do Evangelho no mundo atual).

4. MEDITANDO A PALAVRA

Convidar os catequizandos a refletirem e conversarem sobre:
- O que a Palavra proclamada no encontro diz para você?
- Quais são os nossos medos, nossas inseguranças?
- O que você entende por ter fé? Em quem você deposita a sua confiança?
- Em que barco estamos remando: naquele de Jesus ou naquele dos nossos próprios interesses?

5. REZANDO COM A PALAVRA

Orientar que, em silêncio, olhem para os elementos que estão no ambiente: a Palavra de Deus, a vela acesa que recorda a luz que é Jesus e o quadro com a imagem do Espírito Santo. Depois, pedir que, contemplando os elementos, façam sua oração pessoal a Deus Pai e a escrevam para compartilhar com o grupo.

Pegar o óleo que preparou para o encontro e comentar:

> *Temos aqui o óleo, um elemento natural, usado para muitas coisas na vida cotidiana das pessoas. Usamos no corpo, na comida, para várias outras coisas. Na Crisma, seremos ungidos com o óleo que foi consagrado pelo bispo na missa dos Santos Óleos, na Quinta-feira Santa. Hoje, em nosso encontro, seremos ungidos nas mãos com esse óleo perfumado, sinal da nossa disposição de continuar no caminho com Jesus, comprometendo-nos com Ele. Buscamos a força para vencermos os medos, as inseguranças e as dificuldades que a vida nos apresenta.*

Pedir para ficarem em pé e estenderem as mãos, para que possa traçar uma cruz com o óleo nas mãos de cada um.

Explicar que dirá a cada um: *Deus te ungiu com o óleo da alegria.*

Cada um deverá responder: *Amém*!

Enquanto realiza a unção, poderão entoar um canto conhecido do grupo e próprio para este momento.

Encerrar convidando todos para, de mãos dadas, rezarem juntos a oração do Pai-nosso.

6. VIVENDO A PALAVRA

Orientar que pensem no compromisso que o encontro os inspira a assumir, questionando-se:

- ✓ O que cada um poderá fazer nesta semana para viver aquilo que aprendeu com Jesus no encontro de hoje?

Poderá oferecer alguma sugestão, como visitar alguém doente ou ajudar alguém necessitado, levando o óleo vivo da alegria.

14º ENCONTRO

CONFISSÃO: RECONCILIADOS COM DEUS E COM OS IRMÃOS

Sentido do encontro

A nossa capacidade de perdoar depende da nossa capacidade de amar, pois nos diz o Senhor: "Muito será perdoado, porque muito amou" (Lc 7,47).

A reconciliação entre as pessoas é um gesto que devolve a dignidade e a vida. Exige atitude de humildade, a capacidade de amar. Jesus nos mostrou isso com sua vida. Ele perdoou, acolheu, amou até o fim. O Sacramento da Reconciliação, criado pelo próprio Jesus, foi confiado à Igreja, com o encargo de perdoar ou não os pecados da humanidade. Ele disse a Pedro, o primeiro entre os Apóstolos: "Eu lhe darei as chaves do Reino do Céu o que você ligar na terra será ligado no céu, e o que você desligar na terra será desligado no céu" (Mt 16,19).

Objetivo

Identificar a importância e a alegria de vivermos reconciliados, capazes de perdoar e de acolher o perdão.

Ambientação

Cadeiras em círculo, vela, Bíblia, cruz, uma vasilha com água. Preparar para este encontro o texto do *Ato de Contrição*. Escolher um dos que estão no livro do catequista e do catequizando.

Acolhida

Acolher os catequizandos com alegria e um abraço. Pedir que cada um deles abrace também os colegas.

1. OLHANDO PARA A VIDA

Iniciar a conversa revendo os compromissos do encontro anterior. Depois conversar sobre: como as pessoas vivem hoje? Elas se amam? Querem-se bem?

Questionar:

- ✓ Temos o costume de dar e receber o perdão na família, na escola, entre os colegas?
- ✓ E o que vemos na televisão, ao redor da nossa casa, na rua, revela que há mais perdão ou não?

2. ORAÇÃO INICIAL

Acende-se a vela...

Motivar a colocarem a mão na água e traçarem sobre si o sinal da cruz enquanto cantam: "*Onde reina o amor*" ou outro canto conhecido.

Orientar a dizerem juntos a oração a seguir (poderá rezar as frases e o grupo repete).

> *Ó Deus de misericórdia e compaixão, nós vos louvamos e agradecemos porque sois nosso Pai, sois nosso amigo. Lembramos a ternura do vosso amor. Vosso filho Jesus nos ensinou a acolhida e o perdão. Foi em busca da ovelha perdida, perdoou a pecadora arrependida, acolheu Pedro, que o renegou. Vós recebestes com festa o filho que se afastou da casa paterna e retornou arrependido. Com vossa graça, de vós tudo recebemos. Queremos hoje compreender mais a grandeza do vosso amor. E pedimos para vivermos sempre em comunhão entre nós, confiando no vosso amor e no vosso perdão. Ajudai-nos, Senhor. Amém.*

Convidar a cantarem, preparando-se para ouvir a Palavra do Senhor: *Fala Senhor, fala Senhor!*

3. ESCUTANDO A PALAVRA

Proclamar o Evangelho segundo São Lucas 7,36-50.

Orientar que leiam, por versículos, espontaneamente, o texto proclamado. Depois motivar a juntos construírem a história, ou seja, um vai complementando a fala do outro.

Solicitar que pensem, anotem e depois compartilhem com o grupo:

- a) Quais os personagens envolvidos?
- b) O que acontece na cena e onde?
- c) O que chamou sua atenção?

Compreendendo a Palavra

O Evangelho apresentado neste encontro nos mostra como Jesus trouxe algo novo em nossa vida para os relacionamentos humanos. Um exemplo é o fato de na sociedade e na religião do tempo de Jesus as mulheres serem excluídas e discriminadas, ou seja, não podiam participar de nada em lugar nenhum.

Jesus, porém, acolhia a todos sem distinção e com a mesma igualdade. Encontram-se três pessoas em condições bem diferentes neste Evangelho: o fariseu, a mulher pecadora e Jesus. O fariseu olha com desprezo para a mulher e a cena que está acontecendo, a ponto de impedi-lo de reconhecer Jesus como o profeta da compaixão. Ele fica desconcertado diante da atitude de Jesus de acolher a mulher e dispensar-lhe tanta atenção, e tem uma atitude de indignação diante de uma mulher pecadora tocando Jesus, chegando a dizer: "Se este homem fosse um profeta saberia que tipo de mulher está tocando nele, porque ela é pecadora" (Lc 7,39b). Dessa forma percebemos que o fariseu não se considera pecador e por isso assume a atitude de julgamento, incapaz de entender e experimentar o perdão e o amor. Nessa narrativa, podemos identificar que o fariseu mostra o seu amor, a sua gratidão, convidando Jesus para o jantar; a mulher mostra o seu amor, a sua gratidão, através das lágrimas, dos beijos e do perfume, e Jesus concede à mulher o perdão como expressão do desejo de vida, de libertação da sua humilhação, devolve-lhe a dignidade e lhe abre um novo horizonte: "Tua fé te salvou. Vai em paz" (Lc 7,50b).

Para aprofundar e refletir

O Sacramento da Reconciliação foi criado pelo próprio Jesus, que confiou à Igreja o poder de perdoar e reconciliar as pessoas com Deus, com os irmãos e irmãs e consigo mesmas. Toda a pessoa que, reconhecendo sua fraqueza humana, aproxima-se do Sacramento da Penitência, obtêm a misericórdia e o perdão da ofensa feita a Deus e se reconcilia com a Igreja, pois Cristo "amou a Igreja e por ela se entregou para santificá-la" (Ef 5,25-26). A primeira atitude do discípulo de Cristo que reconhece seu pecado é de voltar-se para Deus de coração contrito, depois aproximar-se do Sacramento da Reconciliação com a firme decisão de mudar de vida, buscar a conversão confiante na misericórdia de Deus. Esse sacramento é também chamado Sacramento da Conversão, do Caminho da Volta: "Reconcilia-vos com Deus" (2Cor 5,20). É ainda caminho para viver o amor misericordioso de Deus: "Vai primeiro reconciliar-te com teu irmão" (Mt 5,24). O sinal desse sacramento, após o exame de consciência e a declaração dos pecados, é a absolvição e/ou perdão dos pecados. O padre pronuncia as seguintes palavras: *"Eu, em nome da Igreja, te absolvo dos teus pecados, em nome do Pai e do Filho e do Espírito Santo"*. Jesus disse à pecadora: "a tua fé te salvou, vai em paz" (Lc 7,50).

> Ler e meditar:
> ✓ Os textos bíblicos de: Fl 3,13; Jo 20,19-23; Rm 6,4-10.
> ✓ Os números 1423 e 1496 do Catecismo da Igreja Católica.

4. MEDITANDO A PALAVRA

Conversar e meditar com os catequizandos sobre:
- ✓ O que o texto bíblico nos ensina? Que lição fica para nós?
- ✓ No cotidiano, com quem mais nos identificamos: com o fariseu, a mulher ou Jesus?
- ✓ O que percebemos na comunidade e na sociedade: as pessoas são capazes de perdoar, de acolher todos, ou há dificuldades em ter essas atitudes?

5. REZANDO COM A PALAVRA

Motivar a refletirem sobre: o que dizer a Deus, a partir do encontro e da reflexão do Evangelho de hoje?

Orientar que, diante da cruz, da Palavra de Deus, fiquem em silêncio e pensem em sua própria vida, em suas atitudes, a partir das perguntas:
- ✓ Você sente arrependimento por algo que fez ou disse?
- ✓ De que ações, gestos e atitudes você sente necessidade do perdão e da misericórdia de Deus?

Solicitar que cada um pense e faça uma oração no silêncio do seu coração e depois a escreva, para rezar sempre que sentir necessidade (reservar tempo para cada um fazer sua oração).

Motivar a rezarem a todos juntos o Ato de Contrição.

Orientar a tocar a cruz (ou a beijar), presente no ambiente do encontro, procurando escutar Jesus, que lhes diz: *"Tua fé te salvou. Vai em paz"*.

Enquanto os catequizandos realizam esse gesto, pode-se cantar um canto de misericórdia.

6. VIVENDO A PALAVRA

Convidar a refletirem sobre: o que vamos levar deste encontro para nossa vida que nos ajudará a viver melhor nesta semana?

Sugerir que talvez possam se reconciliar com alguém que estejam chateados, ou com quem os magoou ou a quem tenham magoado, experimentando a alegria de perdoar e ser perdoado.

15º ENCONTRO

DEUS VISITA SEU POVO

Sentido do encontro

Tempo Advento, tempo de espera, de vigilância, tempo de aguardar aquele que vem visitar o seu povo.

Com este encontro, tem-se o desejo de ajudar a viver intensamente este tempo que a Igreja nos oferece como caminho de preparação para a chegada do Senhor Jesus no seu Natal. Deus vem ao encontro do seu povo, vê suas necessidades, alimenta sua esperança e o seu desejo de acolher um Deus que vem para libertar a humanidade das marcas do pecado, da morte, da injustiça e também para devolver-lhe a alegria.

Objetivo

Reconhecer a importância de preparar-se para o Natal e acolher o Senhor que vem visitar a humanidade e se encarnar no meio de nós.

Ambientação

Ramos verdes, fitas vermelhas para confeccionar a coroa do Advento, quatro velas, recortes de revistas, jornais com realidades que não expressam a presença de Deus e, portanto, precisam de sua visita (pobres, doentes, usuários de drogas etc.).

Acolhida

Acolher com alegria cada catequizando.

1. OLHANDO PARA A VIDA

Conversar sobre o encontro anterior, o tema, o compromisso assumido.

Comentar que já fizemos uma caminhada de estudo para conhecer melhor os sacramentos, especialmente alguns: Batismo, Crisma e Reconciliação. A cada dia, o Senhor nos pede para olharmos nossa vida, o caminho que estamos percorrendo. Com o encontro de hoje, iniciamos a vivência e o conhecimento de um tempo novo na Igreja, o Advento. Já no ano passado, neste mesmo tempo, conversamos sobre o que é, e como viver esse tempo que a Igreja nos oferece.

Perguntar:

- ✓ Quem lembra o que é o Advento?
- ✓ Se nós formos hoje ao shopping, aos mercados e às lojas, o que vemos? Que sinais? O que isso diz para nós?

Deixar falarem livremente.

2. ORAÇÃO INICIAL

Convidar a iniciarem fazendo o sinal da cruz e rezarem seguindo o roteiro:

Catequista: Queridos catequizandos, o Senhor está perto, Ele nos visita, quer estar no meio de nós. Sua graça e sua paz estejam com vocês.

Todos: Bendito é o Senhor, que nos reúne no seu amor.

Catequista: Em comunhão com todos os que esperam os sinais de Deus em sua vida, os que desejam mais esperança e alegria, digamos:

Todos: Vem, Senhor, vem libertar o teu Povo.

Catequista: Fortalece, Senhor, os doentes, os tristes, os idosos. Não abandones aqueles que já não têm mais esperança, os que estão afastados, vem consolá-los. Digamos:

Todos: Vem, Senhor, vem libertar o teu povo.

Motivar a se prepararem para ouvir a Palavra do Senhor cantando *Envia a tua Palavra*, ou outro que o grupo conheça.

3. ESCUTANDO A PALAVRA

Convidar a ficarem em pé, ao redor da Palavra, e escutar com atenção o que o Senhor tem a nos dizer.

Proclamar o Evangelho segundo São Lucas 1,67-79.

Motivar a releitura do texto.

Orientar que reflitam e façam anotações a partir das questões:

- ⓐ Qual o personagem que aparece nesse texto: quem é Ele? O que faz? O que diz?
- ⓑ Quais são os verbos presentes nesse texto?

Compreendendo a Palavra

Todos nós gostamos de receber visitas, presentes de amigos, de pessoas que amamos e nos são caras. Na Bíblia, encontramos várias passagens em que o povo de Israel fala muito das "visitas de Deus", sempre acompanhadas de algum presente. Presentes estes não do mercado de consumo, mas de Deus, que trazem paz, alegria, graça e libertação.

No Evangelho refletido neste encontro, também vemos que Zacarias e Isabel receberam a visita de Deus, e a novidade foi tão grande que Zacarias teve dificuldade de acreditar, e por isso chegou a ficar mudo até o dia do "Batismo" (circuncisão) do seu filho, quando recebeu o nome de João (Lc 1,63-64). Nesse dia, cheio do Espírito de Deus, sua voz se soltou e Zacarias louvou por mais uma visita de Deus: "Bendito seja o Senhor, Deus de Israel, porque visitou e libertou o seu povo" (Lc 1,68).

O Cântico de Zacarias é uma manifestação de louvor a Deus e à sua misericórdia diante das situações dos pobres, realizada por meio de Jesus. Com ele vem a força que liberta dos inimigos e do medo que conduz à formação de um povo justo diante de Deus e da humanidade. Assim se inicia uma nova história em busca da plenitude da paz e da vida.

Para aprofundar e refletir

A Igreja sempre nos oferece oportunidade de reflexão da nossa vida, da Palavra e dos tempos fortes do Ano Litúrgico. O tempo do Advento nos convida a reviver os feitos de Deus em nossa humanidade, um Deus que não esquece o seu povo, não o abandona, mas vem ao seu encontro e estabelece a Aliança com ele, assumindo a nossa carne e tornando-se homem como nós.

As primeiras comunidades cristãs com uma breve oração expressam o desejo do seu coração: "*Maranatha*! Vem, senhor Jesus"! (Ap 22,20).

O Advento é um convite a viver a dinâmica da espera alegre do Senhor, que vem ao encontro da humanidade, em uma atitude de silêncio para acolher a presença de Deus. São dias para voltar a considerar que Deus está junto de nós continuamente e considerar ainda como Ele nos protegeu, guiou e ajudou em todos os sentidos em nossa vida, para louvá-lo por tudo o que fez e continua fazendo por nós. Não fiquemos distraídos, mas atentos, acordados para fazer brilhar na nossa vida a luz que iluminou a gruta de Belém.

O Papa Bento XVI, na audiência geral de 12 de dezembro de 2012, nos recorda também que

> Em Jesus de Nazaré Deus manifesta o seu rosto e pede a decisão do homem de o reconhecer e seguir. O revelar-se de Deus na história, para entrar em relação de diálogo de amor com o homem, dá um novo sentido a todo o caminho humano. A história não é um simples

suceder-se de séculos, anos e dias, mas é o tempo de uma presença que lhe confere pleno significado, abrindo-a a uma esperança sólida (BENTO XVI, 2012).

> Ler e meditar:
> ✓ Os textos bíblicos de: Is 2,4; Rm 8,18-23.
> ✓ O número 5 da carta apostólica *Novo Milênio Ineunte*.

4. MEDITANDO A PALAVRA

Conversar e refletir com os catequizandos sobre:

- ✓ Zacarias louvou a Deus porque se lembrou de sua angústia, de sua aflição e do seu desejo. O que isso diz para você?
- ✓ Em nosso mundo, em nossa realidade, será que, às vezes, Deus não é esquecido?
- ✓ Será que não trocamos Jesus pelo Papai Noel? Pelas luzes, por grandes presépios?
- ✓ Quando pensa sobre o Natal, de que e de quem você se lembra?
- ✓ O que é mais importante com relação ao Natal?

Convidar os catequizandos a construírem juntos a coroa do Advento utilizando os ramos verdes e as quatro velas, previamente selecionados.

5. REZANDO COM A PALAVRA

Acender a primeira vela da coroa do Advento e, diante dela, convidar cada um a fazer a oração que brota do seu coração para o coração de Deus, a partir da reflexão e do estudo do encontro de hoje e procurando responder: o que a Palavra de Deus hoje nos leva a dizer a Deus?

Pedir que façam silêncio e cada um escreva sua oração.

Convidar cada um a partilhar a oração que fez.

Se oportuno, propor ao grupo cantar uma música própria ao Tempo de Advento.

Orientar a procurar na Bíblia o texto do Evangelho de Lc 1,68-79 para rezar em dois coros o cântico de Zacarias, agradecendo a Deus pelas suas constantes visitas a cada um de nós, às nossas famílias, à nossa comunidade e aos diferentes espaços da nossa sociedade.

Encerrar rezando juntos: *Glória ao Pai e ao Filho e ao Espírito Santo. Ao Deus que é, que era e que vem, pelos séculos. Amém.*

6. VIVENDO A PALAVRA

Comentar que em nosso encontro compreendemos que Deus visita seu povo, não o abandona, vem ao seu encontro. Nós também vamos, nesta semana, assumir o compromisso de visitar pessoas necessitadas, lugares de convivência, doentes, hospitais, creches, asilos, pobres.

Conversar com os catequizandos e escolher uma dessas realidades para fazer a visita com seu grupo.

16º ENCONTRO

ADVENTO, TEMPO DE VIGILÂNCIA E ESPERA

Sentido do encontro

Advento, convite à vigilância e à expectativa para o nascimento de Jesus.
A preparação para a vinda do Senhor é um apelo à penitência e ao arrependimento, à conversão e à purificação em preparação ao Natal. Devemos ficar também atentos e vigilantes, assim como clamou João Batista no deserto (Lc 3,1-3), para a segunda vinda do Senhor, a parusia. O Advento, como período de recolhimento, faz também um forte apelo ao perdão e à caridade. Devemos ficar atentos à necessidade daqueles que esperam por mais vida, mais esperança e mais atitudes novas, cristãs.

Objetivo

Entender e vivenciar o verdadeiro sentido do Advento, do Natal como presença do Filho de Deus, Jesus Cristo, que quer vida plena a todos (Jo 10,10).

Ambientação

Bíblia, coroa do Advento, tecido de cor roxa, um pote com mel e uma cesta ou caixa de papelão vazia com os dizeres: "Produzir bons frutos".

Acolhida

Receber os catequizandos e recordar que estamos vivendo o tempo do Advento, de espera, de preparação para o Natal do Senhor. Esse tempo é marcado pela atenção vigilante, alegre, pela vinda próxima do Senhor. Ao mesmo tempo, pede-nos reflexão, conversão e reconciliação, por isso, a cor roxa é usada, embora seja um tempo mais leve, não tão carregado como no espírito quaresmal.

1. OLHANDO PARA A VIDA

Lembrar o compromisso do encontro anterior e pedir que comentem como foi a experiência: quais sentimentos, o que aprenderam?

2. ORAÇÃO INICIAL

Acende-se a vela...

Motivar a fazerem o sinal da cruz e rezarem juntos:

> *Senhor Deus, ajuda-nos a sermos vigilantes para não cairmos na tentação de comemorar um Natal meramente consumista e de ostentação. Que a expectativa pela chegada do teu Filho Jesus desperte em nós a fraternidade e a caridade. Neste tempo, que nossa penitência seja a humildade e o olhar de ternura aos mais necessitados.*

3. ESCUTANDO A PALAVRA

Pedir para um catequizando proclamar o Evangelho segundo São Mateus 3,1-12.

Solicitar que outro catequizando, com uma Bíblia de tradução diferente, faça a mesma leitura. Depois, cada um lê em sua Bíblia, destacando parte do texto ou versículo que mais chamou atenção.

Pedir que individualmente reflitam, anotem e depois partilhem com o grupo as respostas às questões:

- a) Em que cenário João Batista está e de quem ele está falando? O que ele está clamando?
- b) Por que pessoas de toda parte vieram até ele?
- c) Por quem João Batista foi anunciado antes mesmo de nascer?
- d) Qual a missão de João Batista?

Compreendo a Palavra

No Antigo Testamento, temos textos de profetas que anunciam a vinda do Messias: "preparem o caminho do Senhor [...]" (Is 40,3). João Batista, primo de Jesus, filho do profeta Zacarias, pleno do Espírito Santo, percebeu a presença do Senhor quando ainda estava no ventre de sua mãe, Isabel. Fora escolhido e enviado por Deus para ser o precursor: "Ora, tu também, menino será chamado profeta do Altíssimo, pois irás à frente do Senhor para preparar-lhe os caminhos!" (Lc 1,26).

Manteve-se firme diante das promessas de Deus, até iniciar a sua missão no deserto, proclamando um batismo de arrependimento e conversão. Anunciou e denunciou as más ações que o povo cometia, provocando a ira de poderosos que decretaram sua morte. Mesmo assim, não deixou de cumprir a vontade do Pai

> *e preparar o coração das pessoas para a vinda do Filho de Deus, nosso Senhor Jesus Cristo. A pregação de João Batista prepara a missão de Jesus, convoca à mudança radical de vida, e essas palavras incomodam os fariseus, grupo dominante da época, tanto na dimensão política quanto na religiosa. Com Jesus, mais tarde, não será diferente, Ele vai apresentar exigências ainda mais profundas para viver a proposta do Reino.*

Para aprofundar e refletir

Advento significa chegada, vinda. A chegada de Jesus Cristo, o Salvador. Na nossa liturgia, são as quatro semanas que antecedem o Natal e correspondem ao primeiro tempo do ano litúrgico. É o tempo dedicado à preparação para a vinda de Jesus. A cor predominante desse tempo é a roxa, que reflete o estado de arrependimento, penitência e conversão. Todos os anos, no Advento, celebramos o nascimento de Jesus. Fazemos memória do seu nascimento, renovamos e fortalecemos a nossa fé para a segunda vinda de Jesus Cristo.

No Catecismo da Igreja Católica, assim está descrito:

> A vinda do Filho de Deus à terra é um acontecimento tão grandioso que Deus quis prepará-lo durante séculos. Ritos e sacrifícios, figuras e símbolos da "Primeira Aliança", tudo ele faz convergir para Cristo. Anuncia-o pela boca dos profetas que se sucedem em Israel (CIgC, n. 522-523).

João Batista é quem faz a ligação entre o Antigo e o Novo Testamento e nos põe na escola da conversão, da mudança de vida para acolher o Reino do Cristo-Messias. "Vigiai, portanto, porque não sabeis nem o dia e nem a hora" (Mt 25,13). A esperança messiânica anunciada pelos profetas e a mudança de vida pregada por João Batista conduzem-nos ao que há de mais importante em nossas vidas: o amor a Deus, por Jesus Cristo, daí decorrendo o amor ao próximo, especialmente aos mais necessitados, sem o que o nosso amor seria incompleto.

> Ler e meditar:
> ✓ O que diz o profeta Isaías, que nos ajuda a compreender melhor o anúncio da vinda do Messias, nos textos: Isaías 7,14; 8,16; 9,6.
> ✓ Os números 522 e 523 do Catecismo da Igreja Católica.

4. MEDITANDO A PALAVRA

Convidar os catequizandos a refletirem e conversarem sobre:
- ✓ Sabemos que conversão é mudança de atitudes, de vida. O que preciso mudar na minha vida para endireitar o seu caminho?

- ✓ Quem são os profetas de hoje que clamam à conversão e anunciam a vinda de Jesus Cristo?
- ✓ Como você e sua família se preparam para receber uma visita? E como se preparam para o Natal? Quais os sinais que colocamos em nossa casa neste tempo de espera da vinda de Jesus?

Destacar que João Batista é o profeta da austeridade, da penitência, uma figura exigente e forte, mas que aponta o caminho para Jesus. Motivar a pensarem em quais pessoas apontam para eles o caminho para Jesus.

5. REZANDO COM A PALAVRA

Incentivar os catequizandos a se questionarem sobre:

- ✓ O que a Palavra os faz dizer a Deus, qual será a oração de cada um? Qual é a conversão que desejam para as nossas famílias, para o nosso bairro, cidade, país...?
- ✓ O que precisa ser mudado?

Motivar a falarem espontaneamente.

Convidar para formularem preces e/ou orações de súplica, e a cada pedido todos dizem: *Endireitai os nossos caminhos, Jesus!*

Explicar que o Evangelho nos convida a produzirmos frutos bons e pedir que cada um escreva que frutos bons pode produzir neste tempo de preparação para o Natal.

Orientar o grupo a rezar, usando a Bíblia, o Salmo 71, dizendo no início e no final: *Eis que vem o Senhor sem demora.*

Encerrar este momento rezando de mãos dadas o Pai-nosso.

Se oportuno, poderá selecionar um canto para propor ao grupo.

6. VIVENDO A PALAVRA

Orientar que procurem conversar em casa sobre ser atento e vigilante e reflitam com a família sobre o Natal ser muito mais do que fazer compras.

Incentivar a criarem momentos para rezarem juntos em casa e a procurarem o grupo de novena em preparação ao Natal na sua rua ou no seu bairro.

Mencionar que este é também tempo de olhar as necessidades dos mais pobres. Sobre isso, para o gesto concreto, pedir aos catequizandos que puderem que tragam no próximo encontro algo para doar. Pode ser alimento não perecível (caixa de leite, produtos de higiene...), para juntos montarem uma cesta de Natal, que será doada a uma família carente.

No encerramento, partilhar o mel com fruta ou pão.

17º ENCONTRO

O ESPÍRITO SANTO AGE EM MARIA

Sentido do encontro

"Eis a serva do Senhor. Faça-se em mim segundo a tua Palavra" (Lc 1,38a).
Este encontro nos mostra toda a grandeza da ação de Deus através de Maria, jovem de tamanha simplicidade e grandiosa fé. Quer evidenciar também toda a sua obediência, abertura e disponibilidade à voz do Espírito de Deus ao colocar-se a serviço e à disposição do projeto do Reino.

Objetivo

Reconhecer Maria como a mais fiel colaboradora de Deus no seu projeto de salvação.

Ambientação

Bíblia, coroa do Advento, colocar em destaque a vela de cor rosa, vaso de flor, presépio com a manjedoura vazia, tiras de papel de cor rosa e uma cesta ou caixa de papelão para colocar os alimentos trazidos e que serão doados às pessoas necessitadas.

Acolhida

Acolher os catequizandos com a alegria de quem receberá e contará uma boa notícia.

1. OLHANDO PARA A VIDA

Convidar a partilharem sobre o gesto concreto assumido no encontro anterior.

Comentar que em nosso encontro de hoje falaremos de Maria, aquela que se deixou guiar e conduzir pela força do Espírito Santo e, por sua fidelidade ao projeto de Deus, nos traz Jesus. Isso nos ensina que devemos conhecer, confiar e nos deixar mover, assim como ela, pelo Espírito Santo. Apresentaremos também o terceiro domingo do Advento (cor rosa do Domingo da Alegria), que representa a alegria pela vinda do Senhor Jesus.

2. ORAÇÃO INICIAL

Acende-se a vela...

Motivar a fazerem o sinal da cruz e pensarem sobre como se sentem neste tempo do Advento, à espera do Natal de Jesus.

Pedir aos catequizandos que contemplem o presépio que decora o ambiente e percebam a simplicidade do local onde Jesus nasceu. Ajudar a refletirem sobre o tempo do Advento, tempo de espera e conversão, de alegria e esperança pela chegada do menino Jesus.

3. ESCUTANDO A PALAVRA

Proclamar o Evangelho segundo São Lucas 1,26-38.

Orientar para lerem individualmente o texto, em silêncio e com calma.

Pedir que reflitam e tomem notas para partilhar com o grupo:

- (a) O que a Palavra diz a você?
- (b) Quais são as palavras que mais chamaram sua atenção?
- (c) Como você entende a atitude de Maria diante da proposta que o anjo apresentou?

Compreendo a Palavra

Maria, da humilde cidade de Nazaré, era uma jovem judia que, desde o momento da visita do anjo, acreditou nos desígnios de Deus, pois fora educada nas Escrituras. Algumas leituras do Antigo Testamento já confirmavam a vinda de Jesus: "Portanto, o Senhor mesmo vos dará um sinal: eis que uma virgem conceberá e dará à luz um filho e o chamará Emanuel" (Is 7,14). Embora perturbada com o anúncio, guardou para si e, por causa de sua fé, fortaleceu-se e acreditou no anúncio do anjo Gabriel "porque a Deus nada é impossível" (Lc 1,37). Maria de Nazaré acolhe o desafio que lhe é proposto: trazer ao mundo aquele que será chamado Filho de Deus. Como serva de Deus, conduzida pelo Espírito Santo, fez a vontade dele, vivendo inteiramente para o Filho e Mestre Jesus.

Para aprofundar e refletir

Pois "quando chegou a plenitude do tempo, enviou Deus o seu Filho, nascido de uma mulher" (Gl 4,4). De fato, ninguém melhor do que Maria Santíssima para nos preparar para o Natal de seu Filho. Maria, na vida cristã, será sempre aquela que nos diz: "Fazei tudo o que Ele vos disser" (Jo 2,5). Maria responde na fé e na obediência ao anúncio do anjo de que conceberia por força do Espírito Santo. Maria acredita que para Deus nada é impossível e por isso responde firmemente: "Eis a serva do Senhor, faça-se em mim segundo a tua palavra" (Lc 1,38). A partir desse seu consentimento, Maria tornou-se Mãe de Jesus e, aceitando de todo o coração a vontade divina da salvação, entregou-se ela mesma totalmente à pessoa e à obra do seu Filho. Ainda segundo o Catecismo, n. 484:

> A Anunciação a Maria inaugura a "plenitude dos tempos", isto é, o cumprimento das promessas e dos preparativos. Maria é convidada a conceber Aquele em quem habitará "corporalmente toda a plenitude da Divindade" (Cl 2,9). A resposta divina a sua pergunta "Como será isto, se eu não conheço homem?" (Lc 1,34), é dada pelo poder do Espírito: "O Espírito Santo virá sobre ti" (Lc 1,35).

E ainda no Catecismo, encontramos no número 485 que a missão do Espírito Santo está sempre unida e ordenada à do Filho. Sendo o Espírito Santo aquele que dá a vida, é ele o enviado para santificar o seio da Virgem Maria que, ao ser fecundada pelo poder divino, concebe o Filho do Pai numa humanidade originada da sua.

Ler e meditar:
- ✓ Os textos bíblicos de: Is 7,14; Gl 4,4.
- ✓ Os números 484 e 485 do Catecismo da Igreja Católica.
- ✓ O número 22 da constituição pastoral *Gaudium et Spes*, que aborda como Jesus tornou-se verdadeiramente um de nós.

4. MEDITANDO A PALAVRA

Motivar a refletirem e conversarem sobre:
- ✓ O que a Palavra diz para você?
- ✓ Assim como Maria, você sabe acolher os pequenos anúncios de Deus em sua vida?
- ✓ Você se coloca à disposição de Deus? Por quê?
- ✓ Como o mundo e a sociedade acolhem os sinais de Deus hoje?

5. REZANDO COM A PALAVRA

Pedir aos catequizandos para escreverem a sua oração pessoal, que poderá ser rezada no decorrer da semana e partilhada com o grupo.

6. VIVENDO A PALAVRA

Motivar a pensarem sobre: o que a Palavra nos leva a viver?

Orientar que, com os alimentos que cada um trouxe, organizem juntos a cesta para ser entregue a alguma família carente. Solicitar que pensem em palavras positivas ou uma mensagem que cada um pode enviar à família que receberá a cesta. Para isso, distribua as tiras de papel e peça que escrevam a mensagem, para ser colocada na cesta.

Explicar que os catequizandos que se sentirem à vontade poderão dizer em voz alta o que escreveram e colocar ao redor da cesta de alimentos que será doada.

Encerrar este momento convidando a rezarem juntos a Ave-Maria.

Se oportuno, propor um canto mariano conhecido dos catequizandos.

Informar o horário da missa de Natal e juntos se comprometerem a vivenciar, celebrar e receber o melhor presente de Natal: o nascimento de Jesus Cristo.

Neste momento, pode-se fazer uma breve avaliação da caminhada, propondo as seguintes perguntas:

- ✓ Sente-se preparado para receber o Sacramento da Crisma?
- ✓ Como avalia a sua participação nos encontros da catequese?

Entregar com o grupo a cesta de alimentos à Pastoral responsável pela distribuição de doações.

 LEMBRETES

- ✓ Avisar os catequizandos sobre o retorno da catequese no próximo ano, na Quarta-Feira de Cinzas, participando da celebração da imposição das cinzas. Comunicar dia e horário.

3º TEMPO

PURIFICAÇÃO E ILUMINAÇÃO
TEMPO QUARESMAL

18º ENCONTRO

QUARESMA, TEMPO DE RENOVAÇÃO, MUDANÇA DE VIDA

Sentido do encontro

Quaresma é o tempo litúrgico que antecede a festa da Ressurreição.
Os cristãos se voltam para a reflexão, recolhem-se em oração e penitência para preparar o grande acontecimento da Páscoa do Senhor Jesus, ou seja, para acolher o Cristo vivo e ressuscitado. O Cristão está na escuridão como o cego de nascença e vai começar a enxergar a partir do seu renascimento em Cristo. Esse renascimento se dá por meio de gestos concretos que o ajudam a viver bem a Quaresma, que são: oração, jejum e penitência.

Objetivo

Compreender o sentido da Quaresma e como o cristão pode viver esse período.

Ambientação

Tecido roxo, Bíblia, vela, crucifixo, um pote com cinzas e o cartaz da Campanha da Fraternidade.

Acolhida

Acolher cada um, convidando-os a partilhar como viveram esse tempo de parada, de recesso. Que fatos marcaram o tempo em que estiveram com a família, em viagem ou em casa?

1. OLHANDO PARA A VIDA

Motivar a olharem para a ambientação e situarem o encontro dentro do novo tempo que se está iniciando. Fazer uma breve explicação sobre o significado das cinzas.

Ressaltar que este é um tempo de preparação mais intensa para o Sacramento da Crisma.

2. ORAÇÃO INICIAL

Acende-se a vela...

Comentar que após o período de descanso, de passeio, de encontro com a família e os amigos, queremos agora prosseguir nosso caminho. Um novo tempo que o Senhor Deus nos oferece, muito rico e importante para todos nós, cristãos, mas especialmente para vocês os que estão próximos de celebrar o Sacramento da Crisma. Por isso, vamos iniciar fazendo o sinal da cruz e juntos rezar:

> *Senhor Deus, abre os nossos olhos, como abriste os do cego de nascença, para enxergarmos as maravilhas dos seus ensinamentos que serão transmitidos para nós neste encontro. Amém.*

Motivar a prepararem-se para ouvir a Palavra que será proclamada, com um canto.

3. ESCUTANDO A PALAVRA

Proclamar o Evangelho segundo São João 9,1-41.

Durante a proclamação do Evangelho, motivar os catequizandos a fecharem os olhos e imaginarem a cena. Depois, orientar para relerem o texto com o grupo.

Questionar após a leitura: o que diz o texto?

Pedir para os catequizandos contarem essa história.

Solicitar que pensem e anotem:

- **a)** Quem estava com Jesus no momento em que Ele curou o cego de nascença?
- **b)** Quais são os personagens que encontramos no texto?
- **c)** O que mais chamou sua atenção?

Compreendendo a Palavra

A cura do cego de nascença, a quem Jesus manifesta a luz, está na linha da criação do homem. Sua cegueira não provém do pecado. Ele, portanto, não pode ser figura da condição pecadora da humanidade; seu estado simboliza outra escuridão, procedente em todo homem antes de ser iluminado pela revelação do Filho. No Prólogo de seu Evangelho, João definiu o Logos como a luz que brilha na escuridão (Jo 1,5); aqui, apresentando o cego de nascença, ele parece remontar a essa origem, pois a iluminação dos homens se faz ao longo da história e em cada um deles. O cego não formula nenhum pedido, não pode pedir algo que não conhece. Ele não recuperará um bem que possuía e que perdeu, ele vai nascer para uma nova existência.

O sinal que Jesus manifesta no cego de nascença expressa o seu desígnio em iluminá-lo e dar-lhe dignidade e valor. Essa nova condição manifesta-se na imediata independência e na liberdade de movimentos do homem; não está mais sentado, não é mais um mendigo (Jo 9,8) e expressa sua identidade: "sou eu mesmo" (Jo 9,9). Jesus não se restringe a dar a visão ao cego de nascimento, mas faz com que seus "olhos se abram". A expressão "abrir os olhos" é repetida sete vezes no texto bíblico (Jo 9,10.14.17.21.26.30.32), mostrando a perfeição adquirida na capacidade de sua visão: ela é plena, vai além das aparências físicas. Em contraposição, estão os fariseus incapazes de admitir o que seus olhos viram e testemunharam: ao cego de nascença foram abertos os olhos! Voltemos agora para o texto e reparemos no olhar de Jesus: no caminho Ele "viu um cego de nascença". O que é que Jesus vê nesse homem? Como é o olhar de Jesus a esse homem?

Os discípulos que estão com Jesus também o veem. Suas perguntas revelam que o veem como um homem pecador: "Mestre, quem foi que pecou, para que ele nascesse cego? Foi ele ou seus pais?" O olhar de Jesus é diferente, vê além do pecado, conseguindo enxergar nesse cego o desejo de Deus, que, presente nesse homem, quer dar-lhe uma nova vida.

Para aprofundar e refletir

A Quaresma é um período do ano litúrgico. São os 40 dias que antecedem a Páscoa, celebração da Ressurreição de Jesus, a base principal da nossa fé cristã, a mais importante festa do calendário litúrgico. Com o sugestivo rito da imposição das cinzas, tem início o tempo sagrado da Quaresma, durante o qual a liturgia renova em nós o apelo à conversão, à oração e à prática da caridade. A Quaresma se situa em um percurso espiritual que nos prepara para reviver o grande mistério da Morte e Ressurreição de Jesus. Mistério este que é vivido numa dupla dimensão de conversão a Deus e de amor aos irmãos. A vivência da caridade é, segundo o mandamento do amor: amar o próximo como Jesus nos amou. Essa identificação plena encontra a sua expressão mais evidente nas palavras de Jesus: "Todas as vezes que fizestes isso a um destes meus irmãos, foi a mim mesmo que o fizestes" (Mt 25,40). A espiritualidade quaresmal é caracterizada por uma atenta, profunda e prolongada escuta da Palavra de Deus, que chama à conversão e à purificação. É um tempo de mudança interior, tempo de deixar tudo o que em nós é velho e buscar a vida nova que a graça nos dá e nos oferece.

Ler e meditar:
✓ O texto de Frei Ariovaldo da Silva " O tempo da Quaresma", que encontra-se nas páginas 38-40 do livro *Liturgia em mutirão: subsídios para a formação*. Brasília: Edições CNBB, 2017.
✓ O número 109 da constituição dogmática *Sacrosanctum Concilium*.

4. MEDITANDO A PALAVRA

Motivar a refletirem e conversarem a partir das perguntas:
- ✓ Diante do que escutou no texto bíblico, o que Deus ensina a você por meio dessa Palavra?
- ✓ O que pode fazer para que os olhos se abram a fim de colocar em prática essa Palavra?
- ✓ Qual é a atitude do cego antes de enxergar e depois que passou a enxergar?
- ✓ Será que também somos cegos?
- ✓ Quais são as cegueiras no mundo de hoje?

5. REZANDO COM A PALAVRA

Motivar os catequizandos a se prepararem para rezar, pedindo que deixem Jesus parar diante de cada um e os olhar tranquilamente, com carinho e compaixão. Solicitar que imaginem-se perguntando a Ele o que vê. Depois questionar:
- ✓ O que a Palavra que meditou faz você dizer a Deus?
- ✓ Que oração brota de nosso coração para o Senhor?
- ✓ O que você quer pedir ou agradecer a Deus?

Orientar a escreverem a oração e partilharem com o grupo. Após cada oração, convidar a repetirem juntos: *Senhor, faça que eu veja as suas maravilhas.*

Fazer uma breve experiência, solicitando que: dois a dois, um guie e o outro com uma venda nos olhos, por alguns instantes. Depois, coloca-se a venda em quem guiou, que será agora levado pelo outro. Após realizar a experiência, conversar sobre os sentimentos que essa experiência gerou.

6. VIVENDO A PALAVRA

Orientar a conversarem com os pais sobre quais sinais revelam as maravilhas que Deus já realizou em sua família.

Durante a Quaresma, é importante que em casa coloquemos em destaque uma cruz. Ela será um sinal do sentido e da importância deste tempo.

LEMBRETES

- ✓ Alertar aos catequizandos que eles estão na preparação próxima ao Sacramento da Crisma e sobre a importância de participarem das missas nos domingos da Quaresma.
- ✓ Nesses domingos, acontecerão os escrutínios, conforme proposto nos anexos.
- ✓ Combinar esses momentos com o padre e a equipe de liturgia e canto.

19º ENCONTRO

QUARESMA, TEMPO DE FRATERNIDADE

Sentido do encontro

Quaresma é tempo de refletir e encontrar caminhos que promovam a fraternidade e a caridade. Quaresma é um tempo propício para a conversão, a mudança de vida, mediante três grandes exercícios evangélicos: a oração, a penitência e a caridade.
A Conferência Nacional dos Bispos do Brasil (CNBB) nos propõe a Campanha da Fraternidade (CF), sempre a partir de um tema específico, enraizado na realidade e renovado a cada ano (*mencionar o tema e o lema da CF deste ano*). É uma campanha realizada com o objetivo de despertar a solidariedade com relação a um problema concreto que envolve a sociedade brasileira. É um chamado a voltar-se para Deus, buscando "amá-lo de todo coração e de toda a alma e de todo o entendimento e de todas as forças; e amar ao próximo como a si mesmo" (Mc 12,30-31). Neste encontro, vamos meditar sobre o que significa ser fraterno com o "próximo" com base na parábola do bom samaritano contada por Jesus.

Objetivo

Sensibilizar os catequizandos sobre as diversas oportunidades de fazer o bem, servindo ao próximo nas suas necessidades, evitando preconceitos de etnia, religião e cor.

Ambientação

Bíblia, vela, a cruz e imagens de pessoas feridas, machucadas, caídas, o cartaz da Campanha da Fraternidade ou uma faixa ou tira de papel com seu tema.

Acolhida

Com um caloroso abraço, acolher cada catequizando desejando um bom encontro.

1. OLHANDO PARA A VIDA

Comentar que é uma alegria estarmos aqui para continuarmos os nossos encontros que nos ajudam a conhecer mais Jesus e a seguir o que Ele nos ensinou para sermos felizes como filhos amados de Deus. É uma oportunidade também de crescermos na amizade e no amor entre nós. No encontro anterior, refletimos sobre a Quaresma como tempo de renovação, de mudança de vida. Assumimos um compromisso.

Cada um pode partilhar o que conseguiu realizar do compromisso junto à sua família.

2. ORAÇÃO INICIAL

Acende-se a vela...

Motivar a iniciar o encontro em nome da Santíssima Trindade fazendo o sinal da cruz.

Pedir que olhem para os símbolos que estão no ambiente e comentem de acordo com as questões propostas:

- ✓ Quem conhece realidades de violência, de assaltos, de desprezo, de indiferença diante do sofrimento do próximo?
- ✓ Como as pessoas se sentem sendo tratadas desse jeito? Conhecem algum exemplo no qual alguém ajudou uma pessoa ferida, necessitada? O que ela fez?
- ✓ O que vocês fariam se estivessem passando por algum lugar e encontrassem alguém caído no chão, todo machucado e precisando de ajuda?

Convidar a ouvirem o que Jesus vai nos falar sobre a ajuda ao próximo por meio da parábola do bom samaritano.

Incentivar a acolherem a Palavra que será proclamada, cantando: *Vem, Espírito Santo, vem, vem iluminar.*

3. ESCUTANDO A PALAVRA

Proclamar o Evangelho segundo São Lucas 10,30-37.

Orientar a lerem e relerem o texto bíblico proclamado.

Solicitar que reflitam e façam anotações:

- (a) Quais são os personagens do texto?
- (b) O que aconteceu com o homem que descia de Jerusalém para Jericó?
- (c) Quem passou pelo homem caído, machucado?
- (d) Qual foi a atitude de cada um?
- (e) Quem era o samaritano que socorreu o homem?
- (f) O que mais chamou sua atenção no texto?

Compreendendo a Palavra

Deus sempre se comunicou com os seres humanos. Antes de Jesus vir ao mundo, Deus falava por intermédio dos profetas. Por isso, o povo judeu, escolhido para receber o Salvador, procurava observar a lei de Moisés e os ensinamentos dos profetas.

Existiam também muitos estudiosos da lei entre eles, chamados de escribas. Além de estudar a Bíblia, eles explicavam ao povo o que ela dizia. Um doutor da lei coloca Jesus à prova com a pergunta: "Mestre, o que devo fazer para herdar a vida eterna?" (Lc 10,25). Jesus lhe pede que ele mesmo responda. Ele então diz: "Amarás o Senhor teu Deus com todo o coração, com toda a tua alma, com toda a tua força e com toda a tua mente, e o teu próximo como a si mesmo" (Lc 10, 27). Jesus então conclui: "Faça isso e viverás" (Lc 10,28b).

Mas o especialista em leis, querendo se justificar, disse a Jesus: "E quem é o meu próximo"?

Jesus responde com uma parábola que coloca em cena um sacerdote, um levita e um samaritano. Entre Jerusalém e Jericó, encontra-se o deserto de Judá, refúgio de marginais e assaltantes. Jesus conta que um homem nesse caminho caiu na mão de assaltantes que o roubaram e o espancaram, deixando-o quase morto. Depois do assalto, passou pela vítima um sacerdote e depois um levita que o viram, mas seguiram adiante, evitando aproximarem-se do homem ferido. As motivações das atitudes desses homens podem ser a pressa, a indiferença, mas sendo eles responsáveis pelo culto judaico, uma provável motivação para não tocar no homem ferido e ajudá-lo está nas leis de pureza daquela época, que os impedia de ter contato com defuntos ou com sangue, pois tal contato os tornava impuros, impedindo-os de participar do culto. Para eles, o culto religioso era uma motivação mais importante do que a misericórdia para com uma pessoa sofrida. Apesar dos seus conhecimentos religiosos, esse sentimento de misericórdia não foi manifestado, sendo indiferentes ao sofrimento do próximo. Pela mesma estrada passou, finalmente, um samaritano. Os judeus não se davam bem com os samaritanos. No entanto, ao ver o homem ferido, o samaritano parou e o ajudou: "Aproximou-se dele e fez curativos, derramou óleo e vinho nas feridas, levou-o a uma pensão, onde cuidou dele" (Lc 10,34).

Jesus conclui a parábola dizendo ao mestre da lei que o interrogara: "então vá e faça a mesma coisa" (Lc 10,37). Com isso, deixou a mensagem de que a verdadeira religião é a que passa pelo amor a Deus, traduzido em gestos concretos de amor pelo irmão, sem exceção. Diante disso, fica-nos claro, assim como para o mestre da lei, que para alcançar a vida eterna é preciso amar a Deus e amar ao próximo, ou seja, qualquer um que necessita de nós, seja amigo ou inimigo, conhecido ou desconhecido, da mesma etnia ou de outra etnia. A proposta de Jesus não é teoria sobre a religião, é prática de misericórdia e cuidado pela vida das pessoas.

Para aprofundar e refletir

A Quaresma é um chamado a se voltar para Deus e amá-lo de todo o coração e com todas as forças, bem como "amar o próximo como a si mesmo" (Mc 12,30-31). É um caminho de conversão, de amor a Deus e aos irmãos, buscando o perdão sem limites, o cultivo da vida, da fraternidade e da comunhão fraterna. Para viver esse apelo que o Senhor nos faz neste tempo favorável, é preciso que busquemos ver com o olhar de Jesus, colocando-nos sempre à escuta dos seus apelos, priorizando os que mais precisam.

As necessidades dos nossos irmãos e irmãs, o apelo da fraternidade, exigem de nós respostas coerentes ao Evangelho, estarmos atentos à sua realidade, procurar a proximidade fraterna, devolvendo-lhe a dignidade e o sentido da vida com a ternura do coração. É um grande apelo a olharmos para as nossas comunidades cristãs e perceber se são comunidades que criam e despertam novas relações de acolhida, de amor fraterno, de perdão e de compaixão.

> Ler e meditar:
> ✓ O *Ângelus* do dia 4 de novembro de 2018, do Papa Francisco. Nesse dia, o papa falou sobre o mandamento do amor a Deus e ao próximo como inseparáveis. Para ler o que ele disse, acesse o site https://www.vatican.va/content/francesco/pt/angelus/2018/documents/papa-francesco_angelus_20181104.html, pesquisando por este Ângelus.
> ✓ Ler as páginas iniciais dos livros da Campanha da Fraternidade de cada ano, que apresentam o sentido da Quaresma e sua relação com a fraternidade.

4. MEDITANDO A PALAVRA

Convidar os catequizandos a refletirem e conversarem sobre as questões, ajudando-os a fazer a ligação entre a Palavra e a vida.

- ✓ O que a Palavra de Deus diz para você hoje?
- ✓ Qual é a sua atitude diante das pessoas que sofrem? Você teria coragem para fazer como o samaritano, mesmo correndo risco?
- ✓ Quem é o próximo para você?

Comentar que o bom samaritano é o próprio Jesus. Ele cuida de cada um de nós com carinho. Ele cura as nossas feridas. Ele nos salva, nos protege, nos guia por bons caminhos. Você acredita nesse amor de Jesus por todos nós?

Orientar que anotem o que considerarem importante.

5. REZANDO COM A PALAVRA

Motivar os catequizandos a se questionarem: o que a Palavra nos faz dizer a Deus? Que oração podemos dirigir a Ele? De agradecimento, de louvor, de perdão?

Orientar a escreverem a oração e depois dizê-la em voz alta. Após cada oração, todos dizem juntos: *Obrigado, Senhor, por cuidar de cada um de nós! Ajuda-nos a cuidar de quem precisa de nós!*

Comentar que temos à nossa frente a cruz. Neste tempo de Quaresma, de preparação próxima à festa da Páscoa, vamos tocar a cruz, colocando diante dela nossa vida, nossas preocupações, nossas cruzes e sofrimentos. Juntos, podem dizer: *Como Jesus, vou carregar a minha cruz para poder ressuscitar.*

Motivar a rezarem ou cantarem juntos a oração de São Francisco:

Senhor, fazei de mim instrumento de vossa paz.
Onde houver ódio, que eu leve o amor;
Onde houver ofensa, que eu leve o perdão;
Onde houver discórdia, que eu leve a união;
Onde houver dúvida, que eu leve a fé;
Onde houver erros, que eu leve a verdade;
Onde houver desespero, que eu leve a esperança;
Onde houver tristeza, que eu leve a alegria;
Onde houver trevas, que eu leve a luz!
Ó Mestre,
Fazei que eu procure mais:
consolar, que ser consolado;
compreender, que ser compreendido;
amar, que ser amado.
Pois é dando que se recebe,
é perdoando que se é perdoado,
e é morrendo que se vive para a vida eterna!
Amém!

6. VIVENDO A PALAVRA

Orientar que o compromisso da semana envolva:

- ✓ Falar aos pais ou às outras pessoas sobre a parábola do bom samaritano.
- ✓ Perceber se onde moram existe alguém passando necessidade: desempregados, doentes, moradores de rua, pessoas com depressão etc. e pensar em algo que se pode fazer por alguma dessas pessoas. Escolher uma ação concreta para partilhar no próximo encontro.
- ✓ Pesquisar em sua paróquia alguma Pastoral social que ajuda os necessitados e analisar como poderá ajudá-los nessa missão.
- ✓ Agradecer todos os dias a Jesus porque Ele é nosso amigo, cuida de cada um de nós, protege-nos e nos guia por bons caminhos.

LEMBRETES

- ✓ Preparar e organizar o rito da inscrição do nome. Rito de passagem para o 3º Tempo – Purificação e Iluminação.
- ✓ Lembrar que no terceiro, quarto e quinto Domingos da Quaresma serão realizados os ritos dos escrutínios, na celebração da comunidade. Organizar cada um com seus símbolos correspondentes, com antecedência, evitando improvisações.

20º ENCONTRO

JESUS DOA A SUA VIDA POR AMOR

Sentido do encontro

Jesus dá sua vida por cada um de nós para fazer com que nos sintamos amados e perdoados. No seu gesto máximo, Jesus demonstra o que é amar, indo até às últimas consequências: doando a sua vida para nos libertar da escravidão do pecado. Sensíveis a esse amor de Jesus por nós, somos convidados a buscar sempre mais desenvolver atitudes de gratidão, de perdão.

Vivendo como Jesus nos ensinou, teremos em nós as mesmas atitudes de amor, perdão, solidariedade para com os menos favorecidos, contribuindo na construção de uma sociedade justa e fraterna, pois é da vontade do Pai que todo ser humano tenha vida, e vida plena, em Cristo.

Objetivo

Reconhecer que, a exemplo de Jesus, o cristão precisa desenvolver atitudes de gratidão, perdão e de amor ao próximo.

Ambientação

Arrumar o local do encontro, fazendo com que todos se sentem em círculo. Preparar Bíblia, vela, três cruzes: a de Jesus e as outras representando os criminosos crucificados ao lado dele e os que ainda hoje sofrem por muitas situações da vida.

Acolhida

Acolher com amor e carinho cada um.

1. OLHANDO PARA A VIDA

Pedir aos catequizandos que comentem sobre o compromisso que assumiram no encontro anterior.

Solicitar que olhem para as três cruzes que estão colocadas no ambiente e pensem:
- ✓ O que elas significam?
- ✓ Que tipo de sofrimentos há no mundo? Para você, qual é a dor que mais machuca?
- ✓ O que mais faz as pessoas sofrerem?

Conversar sobre os tipos de sofrimento que atingem as pessoas de todo o mundo. Destacar que até as crianças sofrem! Mencionar fatos noticiados pela televisão, em que vemos cenas de pessoas sofrendo e morrendo, vítimas da guerra, da fome, do desemprego...

Explicar que neste encontro vamos meditar sobre a vida de Jesus. A prova do seu amor para conosco, que o levou às últimas consequências: a morte na cruz. E com Ele podemos aprender que – por meio do amor, da partilha e da solidariedade – podemos diminuir o sofrimento dos nossos irmãos e o nosso também.

2. ORAÇÃO INICIAL

Acende-se a vela cantando...

Motivar a fazerem o sinal da cruz e, em silêncio, pedirem ao Espírito Santo para acolher e viver a Palavra. Para este momento, o catequista poderá convidá-los a cantar uma música conhecida do grupo e adequada ao tema do encontro.

3. ESCUTANDO A PALAVRA

Proclamação do Evangelho segundo São Lucas 23,33-47.

Convidar a relerem o texto proclamado duas vezes, em silêncio.

Pedir a cada um para repetir uma frase do texto que mais chamou a sua atenção.

Orientar para refletirem e fazerem anotações:
- ⓐ O que narra o texto? Em que lugar o fato narrado acontece?
- ⓑ Quem são os personagens envolvidos e qual a participação de cada um deles no fato narrado? Explique o que cada um faz.
- ⓒ Destaque o que cada um faz: Jesus, o povo, os criminosos, os chefes, os soldados... por que mataram Jesus?

Aprofundar o texto destacando o significado da cruz, da Morte e da Ressurreição de Cristo para nossa vida e missão.

Compreendendo a Palavra

Conforme Lucas, a primeira oração que Jesus faz voltada ao Pai é de intercessão: pede perdão pelos próprios carrascos: "Pai, perdoa-lhes! Eles não sabem o que fazem" (v.34). A segunda palavra de Jesus sobre a cruz é uma palavra de esperança, é a resposta à oração de um dos dois homens crucificados com

Ele. O bom ladrão, diante de Jesus, cai em si mesmo e se arrepende, chega à conclusão de que se encontra diante do Filho de Deus, que torna visível o rosto de Deus, e lhe pede: "Jesus, lembra-te de mim quando entrares no teu Reino" (v.42). Jesus responde: "Em verdade eu te digo: hoje estarás comigo no paraíso" (v.43). Jesus, com resposta, dá a firme esperança de que a bondade de Deus pode tocar-nos também no último instante de vida e que a oração sincera, mesmo depois de uma vida errada, também encontra os braços abertos do bom Pai, que espera o retorno do filho.

Vamos voltar para as últimas palavras de Jesus que morre. O evangelista narra: "Era por volta do meio-dia, e uma escuridão cobriu toda a terra até as três da tarde, porque o sol parou de brilhar". O véu do templo se rasgou ao meio. Jesus, gritando em alta voz, disse: "Pai, nas tuas mãos entrego meu espírito". Dito isso, expirou (v. 46). É um forte grito de extrema e total confiança em Deus. Tal oração exprime a plena consciência de não estar abandonado. Do início ao fim, aquilo que determina completamente o sentir de Jesus, a sua palavra, a sua ação, é uma relação única com o Pai. Sobre a cruz, Ele vive plenamente, no amor, a sua relação filial com Deus, que anima sua oração. Jesus nos entrega ao Pai em um ato total de abandono. Ao mesmo tempo, Jesus que, no momento extremo da morte se confia totalmente nas mãos de Deus Pai, nos comunica a certeza de que, por mais que sejam duras as provas, difíceis os problemas, não cairemos mais fora das mãos de Deus, aquelas mãos que nos criaram, nos sustentam e nos acompanham no caminho da existência, guiados por um amor infinito e fiel (cf. BENTO XVI, catequese de 15 fev. 2012).

Para aprofundar e refletir

As palavras de Jesus durante a sua Paixão encontram o seu ápice no perdão. Jesus perdoa: "Pai, perdoai-os porque não sabem o que fazem" (Lc 23,34). Não são apenas palavras, mas um ato concreto no perdão oferecido ao "bom ladrão" que estava próximo a Ele. São dois os malfeitores crucificados, cada um, porém, assume postura diferente. São Lucas fala de dois malfeitores crucificados com Jesus, que se dirigem a Ele com atitudes opostas. Um deles, diante da situação de desespero, diz: "Não és tu o Cristo? Salva a ti mesmo e a nós!" (Lc 23,39). Esse grito testemunha a angústia do homem diante da morte e morte de cruz. Jesus nos salvou permanecendo na cruz, mistério a ser vivido, como diz o Papa Francisco na sua audiência geral de 28 de setembro de 2016:

> Todos nós sabemos que não é fácil "permanecer na cruz", nas nossas pequenas cruzes de cada dia. Mas Ele, permaneceu naquela grande cruz, naquele grande sofrimento, e foi ali que nos salvou; foi ali que nos mostrou o seu poder supremo e que nos perdoou. É ali que se cumpre o seu dom de amor e que brota para sempre a nossa salvação.

Quem abraça a cruz com Jesus será capaz de voltar-se para o irmão e fazer o que Jesus fez, ter as mesmas atitudes de perdão, de amor e de solidariedade.

> Ler e meditar:
> - A catequese do Papa Francisco sobre o perdão na cruz, realizada na audiência geral de 28 de setembro de 2016, disponível no site do Vaticano.
> - Os seguintes textos indicados do livro *Os Papas e a Misericórdia* – Jubileu da misericórdia 2015-2016. São Paulo: Paulinas, 2015:
>   - Bento XVI: "A Cruz revela-nos a gravidade do pecado e o poder transformador da misericórdia", p. 61-62.
>   - Francisco: "Jesus é a misericórdia encarnada", p.62-63.

4. MEDITAÇÃO DA PALAVRA

Pedir que reflitam diante de atitudes de amor, perdão, misericórdia e entrega total de Jesus nas mãos de Deus:

- O que cada um compreendeu da Palavra proclamada?
- Analisando o que Jesus ensina e o que nós vivemos, em que precisamos mudar?
- No mundo, no grupo, na comunidade onde vivemos, quais atitudes de Jesus precisam ser realizadas?
- Confrontando agora as suas atitudes com as atitudes de Jesus, qual a mudança que Jesus te pede?

5. REZANDO COM A PALAVRA

Comentar que o bom ladrão fez uma prece a Jesus, pedindo que se lembrasse dele quando estivesse no paraíso, e Jesus atendeu o seu pedido dizendo: "Hoje mesmo, estarás comigo no paraíso".

Convidar a ficarem em silêncio olhando para as cruzes que estão no ambiente e a pensarem: qual é o pedido que desejam fazer a Jesus hoje?

Motivar que cada um escreva o seu pedido e depois o coloque diante da cruz de Cristo que ambienta o encontro. Enquanto fazem esse gesto, pode-se cantar: *Ninguém te ama como eu*.

Orientar que olhem para as cruzes ao lado da cruz de Jesus e rezem em silêncio pelas pessoas que mais sofrem. Perguntar se alguém gostaria de lembrar de uma pessoa que está sofrendo e que precisa de nossas orações.

Encerrar este momento rezando juntos a oração do Pai-nosso.

6. VIVENDO A PALAVRA

Pedir que cada um escreva o seu compromisso diante da Palavra meditada. Não influenciar a opção, deixar livre.

Lembrar de falar aos pais ou outras pessoas sobre o encontro de hoje, sobre o amor de Jesus por nós.

Solicitar que pesquisem, na sua comunidade, quais são os maiores sofrimentos do povo, quais são suas cruzes. Motivar a observarem e pensarem: o que as pessoas fazem para ajudar a aliviar os sofrimentos das pessoas? E você, o que pode fazer?

Incentivar que lembrem todos os dias de agradecer a Jesus por ter dado a sua vida por nós, pela nossa salvação.

✓ Solicitar que fiquem atentos aos dias e horários para participar das celebrações e dos escrutínios.

21º ENCONTRO

TRÍDUO PASCAL

Sentido do encontro

O Ano Litúrgico é um caminho que nos leva a viver melhor nossa vida cristã, a crescer na fé e a viver plenamente unidos a Cristo.

O Tríduo Pascal, ou seja, a Paixão, Morte e Ressurreição do Senhor é – para cada um de nós e para a Igreja – o ponto culminante, ou seja, o ponto mais elevado e expressivo da caminhada quaresmal e núcleo central do ano litúrgico. É a grande celebração dos cristãos, vivenciada em três momentos distintos: *Páscoa da ceia, Páscoa da cruz, Páscoa da Ressurreição*. Como discípulos de Jesus que queremos ser, precisamos vivenciar com alegria esse momento importante e central da nossa fé cristã.

Objetivo

Compreender a importância do Tríduo Pascal.

Ambientação

Uma vela, a Bíblia, a cruz, um pão, jarro com água, bacia e toalha.

Acolhida

Acolher cada catequizando, manifestando a alegria por mais um encontro semanal de oração, convivência e conhecimento.

1. OLHANDO A VIDA

Comentar e questionar: estamos próximos de celebrar a grande festa cristã: a Páscoa. O que vemos nas praças, nos shoppings, nos mercados que chama nossa atenção? O que tudo isso tem a ver com a Páscoa de Jesus?

2. ORAÇÃO INICIAL

Acende-se a vela...

Motivar a fazerem o sinal da cruz e comentar que hoje queremos juntos nos preparar para a grande celebração da festa da Páscoa, da Paixão, Morte e Ressurreição de Jesus. É a grande semana, chamada de Semana Santa. Olhemos para os símbolos que estão ambientando o encontro e pensemos: o que eles nos indicam, o que nos lembram?

Deixar conversarem, falarem livremente.

Após todos se expressarem, convidar a cantarem *Prova de amor maior não há* ou outro canto conhecido (repetir várias vezes o refrão).

Encerrar este momento motivando a rezarem juntos a oração do Pai-nosso de mãos dadas.

Explicar que, hoje, em nosso encontro, vamos nos preparar, compreender e descobrir a importância desta semana para cada um de nós que está no caminho da vida cristã. Com a celebração, ao longo dos três dias – que chamamos de Tríduo – tornamos presente em nossas comunidades, na nossa Igreja e para cada um de nós o mistério da Páscoa de Cristo e de sua passagem deste mundo para a vida do Pai.

3. ESCUTANDO A PALAVRA

Proclamar o Evangelho segundo São Marcos 14,22–16,8.

Como esse Evangelho é longo, oriente para cada um pegue a sua Bíblia e acompanhe, enquanto o catequista proclama a Palavra.

Solicitar que façam novamente a leitura do texto proclamado, cada um lê alguns versículos, prestando atenção nas pessoas envolvidas e sobre o que é narrado ao longo do texto.

Peça para refletirem e anotarem:

- **a)** Quais os fatos, as situações, os gestos que observou neste texto?
- **b)** O que chamou sua atenção? Destaque as palavras ou as frases mais importantes ou aquelas que mais te tocaram.

Compreendendo a Palavra

O Tríduo Pascal, ou seja, a Paixão, Morte e Ressurreição de Jesus constitui o centro do ano litúrgico. Nele celebramos a obra da redenção humana e da perfeita glorificação de Deus que Cristo realizou quando, morrendo, destruiu a morte e, ressuscitando, renovou a vida. Na Quinta-feira Santa, fazemos memória da ceia da nova Páscoa. Jesus se despede dos seus discípulos antes de morrer. Deixa-nos o novo mandamento do amor e institui a Eucaristia. No Evangelho de João, é narrada a cena do lava-pés, quando Jesus nos ensina a servir. Na sexta-

> -feira, celebra-se a Páscoa do cordeiro imolado. Jesus é o cordeiro que se imola, dá a vida por todos nós, morre na cruz, ensinando-nos a resistência também no sofrimento. Na Vigília Pascal, que acontece no sábado à noite, celebra-se a vitória da vida sobre a morte. A morte não é a última palavra, mas sim a vida, a ressurreição. Jesus morre pela maldade humana, mas o Pai o ressuscita no terceiro dia. Paixão, Morte e Ressurreição acontecem também na nossa vida, sempre que buscamos viver como Deus nos pede, nos pequenos gestos e sinais de cada dia da nossa vida, da nossa história.

Para aprofundar e refletir

O Tríduo Pascal da Paixão, Morte e Ressurreição do Senhor resplandece como a culminância da caminhada quaresmal onde todos os cristãos são chamados a viver os três dias, as três celebrações como uma única e grande celebração.

É uma proposta para os cristãos viverem os grandes acontecimentos da salvação que Cristo nos oferece.

O Papa Francisco, na audiência geral de 20 de março de 2018, sobre o Tríduo Pascal, diz que a nossa missão não termina com as festividades da Páscoa com a família, pelo contrário, começa ali o caminho para a missão, para o anúncio de que Cristo ressuscitou. E este anúncio, o *kerigma*, que o Tríduo nos prepara para receber, é o centro da nossa fé e da nossa esperança. Esse anúncio é que evangeliza a Igreja, que, por sua vez, é enviada para evangelizar. Se recorremos a São Paulo, ele sintetiza o acontecimento pascal da seguinte forma: "Cristo, nossa Páscoa, foi sacrificado" (1Cor 5,7), como o cordeiro, Ele foi imolado. Portanto "velhas coisas se passaram e novas nasceram" (2Cor 5,15).

> Ler e meditar:
> ✓ A catequese do Papa Francisco sobre o Tríduo Pascal, realizada na audiência geral de 28 de março de 2018, disponível no site do Vaticano.

4. MEDITANDO A PALAVRA

Convidar os catequizandos a refletirem e conversarem sobre:
- ✓ O que a Palavra diz hoje para cada um de nós? Quais sentimentos a Palavra provoca em você?
- ✓ O que o Evangelho que ouviu te ensina? Que atitudes novas te inspira a realizar?
- ✓ Em sua casa e em nossa comunidade, como é vivida a Semana Santa? O que fazemos? Você e sua família participam das celebrações?

5. REZANDO COM A PALAVRA

Motivar a olharem para os símbolos do encontro em silêncio, perguntando-se: o que eles nos falam e o que nós queremos falar a Deus?

Aguardar um tempo e depois pedir que escrevam a oração e partilhem com o grupo, rezando-a, um de cada vez.

Explicar que os símbolos que temos neste encontro fazem parte das celebrações do Tríduo Pascal. Pedir que espontaneamente cada um possa realizar um gesto, uma ação relacionada a um ou mais desses símbolos (ex: alguém parte o pão e partilha com todos. Outro pode ter o gesto de lavar os pés de alguém do grupo, beijar a cruz ou passá-la de mão em mão).

Enquanto cada um, espontaneamente, faz o gesto, pode-se cantar: *Eu vos dou um novo mandamento*, ou outro canto com o tema do encontro.

Comentar que com as palavras de um dos hinos mais antigos das comunidades cristãs, adoremos a Jesus Cristo que se abaixou e veio ao encontro de seus pobres. Rezar juntos o texto bíblico de Filipenses 2,6-11, dizendo após cada versículo: "Não existe amor maior do que dar a vida pelos seus amigos" (Jo 15,13).

6. VIVENDO A PALAVRA

Como compromisso deste encontro, solicitar que cada um motive os pais, amigos, colegas a se organizarem para participar das três celebrações do Tríduo Pascal. Ajudar os pais a compreenderem a importância dessa grande celebração da nossa fé cristã.

✓ Informar os horários das celebrações do Tríduo Pascal.

22º ENCONTRO

VIGÍLIA PASCAL: PÁSCOA CRISTÃ

Sentido do encontro

A Vigília Pascal é a celebração da Ressurreição de Cristo Jesus. É a celebração mãe de todas as celebrações da Igreja, a mais importante de todo o Ano litúrgico. As comunidades cristãs se reúnem ao entardecer ou noite adentro do sábado, até o amanhecer do domingo. É uma celebração muito especial por sua simbologia que se destaca em diversos momentos ou ritos que compõem o conjunto da celebração, como o acendimento e a bênção do fogo novo, que se relaciona com a vida nova da Páscoa e a luz de Cristo ressuscitado. Liturgia da Palavra com várias leituras do Antigo Testamento ajuda as comunidades a fazer memória das ações de Deus em favor do povo. A água é um dos símbolos fortes do Tempo Pascal e traz a certeza de que todo cristão mergulhado nas águas do Batismo participa da morte e ressurreição, torna-se criatura nova. A Liturgia Eucarística é manifestação da expressão pascal, é o canto novo da vitória de Cristo e das comunidades sobre o mal e a morte.

Objetivo

Compreender porque se realiza a Vigília Pascal na dinâmica da Igreja.

Ambientação

Tecido branco ou amarelo, flores, a Bíblia, o Círio Pascal, um pote com água.

Acolhida

Acolher, com alegria, cada catequizando.

1. OLHANDO PARA A VIDA

Conversar sobre o compromisso assumido no encontro anterior: se conseguiram cumpri-lo, como foi a experiência.

Comentar que na vida do ser humano há momentos marcantes que são celebrados reunindo familiares, amigos... Esses momentos são festejados.

Questionar: qual a festa mais importante na casa de vocês ou da comunidade ao longo do ano? Como é preparada essa festa?

Explicar que neste encontro irão refletir sobre a festa mais importante dos cristãos, que é a Páscoa de Jesus. E verão como a Vigília Pascal é a celebração das celebrações. Nela, celebramos o Cristo ressuscitado, vencedor da morte, e n'Ele temos a vida nova de ressuscitados.

2. ORAÇÃO INICIAL

Acende-se o Círio...

Convidar a prepararem-se para o encontro, propondo um canto.

Motivar a traçarem o sinal da cruz, pois ela é sinal e símbolo do cristão.

3. ESCUTANDO A PALAVRA

Proclamar o texto bíblico de Rm 6,3-11.

Orientar a relerem o texto e pedir que reflitam e anotem:

(a) Do que se fala no texto?

(b) O que chamou a sua atenção?

(c) Selecionar palavras, frases ou expressões do texto que considerar mais importantes.

Compreendendo a Palavra

Paulo fez a experiência da Páscoa: passar de uma vida de perseguidor para uma vida de defensor da fé cristã em Cristo Jesus. É o apóstolo da conversão, experimentou em si mesmo o processo de mudança, de vida nova, de viver como ressuscitado. Conhecendo Jesus, vive o seu seguimento. Ele nos chama a perseverar na conquista da salvação, revestidos de fé e caridade, alegres na tribulação para desenvolver a vida do Senhor ressuscitado. O cristão está morto para o pecado e vivo para Deus, na força do Espírito do qual nos nutrimos todas as vezes que recorremos ao Evangelho de Deus, pelo qual contemplamos Cristo ressuscitado, vencedor da morte e do pecado.

Nascidos para uma vida nova pelo Batismo, nós também somos convidados a viver a vida de ressuscitados, não mais vivermos como escravos do mal, do erro e do pecado, mas livres para viver a vida nova de ressuscitados em Cristo Jesus.

Para aprofundar e refletir

A Vigília Pascal é a grande festa dos cristãos e tem a liturgia mais solene da Igreja. É chamada de celebração mãe de todas as celebrações. Essa celebração é marcada pela beleza e riqueza dos ritos, das ações simbólicas carregadas de sentido, da emoção e do louvor. No canto do *Exultet*, proclamamos: "*Pois eis agora a Páscoa, nossa festa, em que o real Cordeiro se imolou: marcando nossas portas, nossas almas, com seu divino sangue nos salvou*". Já no início da celebração, na noite escura, ouvimos estas palavras: "*Nesta noite santa, em que nosso Senhor Jesus Cristo passou da morte para a vida, a Igreja convida os seus filhos dispersos por toda a Terra a se reunirem em vigília e oração*".

Comemoramos a Páscoa do Senhor e, ouvindo sua Palavra e celebrando seus mistérios, alimentamos a firme esperança de participar do seu triunfo sobre a morte e de sua vida em Deus. Nesta noite iluminada com a luz do Ressuscitado, mergulhamos o Círio Pascal, símbolo de Cristo ressuscitado que vence toda escravidão. Acendemos as nossas velas no Círio, cantamos a Ressurreição, lembramos e renovamos o nosso Batismo, por ele morremos e ressuscitamos com Cristo. Mergulhamos nas águas para enterrar todo pecado. Saímos da água para simbolizar que, em Cristo, iniciamos uma nova vida, renovada e vivida no Espírito Santo.

Conforme comenta o liturgista Marcelino Sivinski:

> O momento alto dessa noite é a celebração da Eucaristia. Bendizemos ao Pai que ressuscitou seu Filho e nos faz participantes da sua vitória sobre a morte. Reunidos ao redor da mesa, comemos o pão partilhado e bebemos o vinho, sangue derramado, como convivas, na esperança de um dia participar para sempre na festa do Reino, que um dia será plena e nunca se acabará. Nesta celebração da Vigília Pascal, acolhamos a palavra da ressurreição e deixemo-nos abençoar por essa palavra (SIVINSKI, 2007, p. 32-33).

Ler e meditar:
✓ A liturgia da Vigília Pascal, os textos bíblicos, a riqueza da Palavra de Deus, dos salmos e as orações litúrgicas.

4. MEDITANDO A PALAVRA

Convidar os catequizandos a refletirem e conversarem sobre:
  ✓ O que o tema do encontro diz para você?
  ✓ Qual é o ensinamento que oferece?

Organizar dois grupos:

Grupo 1 – Identificar os sinais de morte que estão presentes nas comunidades, na sociedade, e que não expressam a vida nova da ressurreição.

Grupo 2 – Identificar os sinais de vida, de ressurreição, presentes nas pessoas, nos grupos, nas comunidades e na sociedade.

Explicar que podem apresentar o resultado da atividade em grupo por meio de encenação, expondo oralmente ou com uma música cuja letra expresse o que identificaram.

Solicitar que, após as apresentações dos grupos, coletivamente, conversem e anotem em seus livros as conclusões sobre as questões:

- ✓ Quais os sinais de vida que vocês consideram que precisam ser divulgados como exemplo para inspirar as pessoas?
- ✓ Quais os sinais de morte que vocês consideram que precisam ser urgentemente transformados em sinal de vida e como isso pode ser feito?

4. REZANDO A PALAVRA

Motivar que cada um se coloque em atitude de oração e, em silêncio, eleve a Deus sua prece, seu louvor, seu pedido. Deixar cada um rezar e, depois, quem quiser poderá partilhar com o grupo a sua oração.

Comentar que no centro está o Círio, símbolo do Ressuscitado. A água, para nos lembrar que somos pessoas novas nascidas em Cristo pelo Batismo. Ficar em pé, ao redor desses símbolos, e renovar nosso compromisso de viver como pessoas novas, renascidas em Cristo para uma vida nova.

Convidar para professarem juntos o Creio, estendendo a mão em direção ao Círio Pascal.

Orientar cada um que vá até o recipiente com a água, toque nela e trace o sinal da cruz, comprometendo-se a viver como ressuscitado.

Enquanto os catequizandos realizam o gesto, pode-se cantar *Banhados em Cristo somos uma nova criatura*, ou outro canto conhecido.

Explicar o que é sequência pascal, o hino que canta louvores a Cristo ressuscitado, cantado na liturgia do domingo de Páscoa antes da proclamação do Evangelho. Depois convidar a rezarem a oração que é a sequência pascal. Para isso, podem acompanhar em seus livros, de modo que o catequista reza e o grupo repete.

> 1. Cantai, cristãos, afinal: "Salve, ó vítima pascal!"
> Cordeiro inocente, o Cristo abriu-nos do Pai o aprisco.
> 2. Por toda ovelha imolado, do mundo lava o pecado.
> Duelam forte e mais forte: é a vida que vence a morte.
> 3. O Rei da vida, cativo, foi morto, mas reina vivo!
> Responde, pois, ó Maria: no caminho, o que havia?
> 4. "Vi Cristo ressuscitado, o túmulo abandonado.
> Os anjos da cor do sol, dobrado no chão, o lençol".
> 5. O Cristo que leva aos céus, caminha à frente dos seus!
> Ressuscitou, de verdade! Ó Cristo Rei, piedade!

6. VIVENDO A PALAVRA

Motivar a se perguntarem: o que o encontro de hoje os convida a viver no dia a dia?

Solicitar que procurem participar da celebração da Vigília Pascal e, no próximo encontro, conversem sobre como foi, o que mais chamou atenção e como cada um participou da celebração.

MISTAGOGIA

23º ENCONTRO

JESUS NOS CHAMA A RESSUSCITAR COM ELE

Sentido do encontro

Jesus ressuscitado, vivo e presente na história, nos chama a viver com Ele. Todo cristão é chamado a viver como pessoa ressuscitada a cada dia, isto é, chamado a ressurgir, a se erguer ou levantar, renovando sua vida e suas opções.

Diante da realidade de morte presente no mundo, o ser humano se vê diante de violência, dor, desesperança. Jesus traz um novo significado para a humanidade. A vida de ressuscitados garante aos que creem na sua história que eles não estão sozinhos na vida, mas Jesus vivo e ressuscitado caminha ao seu lado e com a humanidade, fortalecendo a esperança de que a vida pode se renovar pela vivência da fé, pela promoção da justiça e da fraternidade, sinais do amor de Deus na história.

Objetivo

Entender a vida nova como partilha de gestos e atitudes de doação, de esperança, justiça e fraternidade.

Ambientação

Bíblia, vela, flores e cartaz com a frase: *"Cristo Ressuscitou, vive no meio de nós. Alegremo-nos!"*

Acolhida

Com alegria, acolher os catequizandos, chamando-os pelo seu nome. Motivá-los, dizendo: *na alegria de estarmos juntos, após termos participado das celebrações que a comunidade Igreja nos oportunizou, vamos nos dar o abraço de Feliz Páscoa.*

1. OLHANDO PARA A VIDA

Motivar a conversarem sobre: o que lembram do compromisso do encontro anterior, que preparou para celebrarem o mistério da Paixão, Morte e Ressurreição do Senhor? Deixar tempo para partilha e depois solicitar que comentem sobre o que mais os marcou com relação a tudo o que ouviram, viram e participaram na celebração na Vigília Pascal.

Perguntar: o que os ajudou a rezarem e acompanharem esse mistério?

2. ORAÇÃO INICIAL

Acende-se a vela cantando...

Motivar o grupo a se preparar para o encontro cantando "*O Senhor Ressuscitou! Aleluia!*" ou outro canto conhecido do grupo e adequado ao tema do encontro.

Convidar para que, na alegria do Ressuscitado, traçarem o sinal da cruz dizendo:

> *Em nome do Pai e do Filho e do Espírito Santo. Amém. Jesus Cristo ressuscitado está vivo entre nós. Ele é a nossa alegria, é nossa esperança, é nossa vitória. Chama-nos a segui-lo com amor e doação.*

3. ESCUTANDO A PALAVRA

Orientar o grupo a formar um círculo ao redor dos símbolos, da vela acesa, da Bíblia e ouvir o texto do Evangelho com muita atenção.

Convidar a aclamarem a Palavra que será proclamada cantando "*Tua palavra é lâmpada para meus pés, Senhor*".

Proclamar o Evangelho segundo São Lucas 24,1-12.

Solicitar que cada um releia o texto na sua Bíblia. Após a leitura, motivar que contem o que leram no texto.

Pedir que reflitam e anotem sobre:

- (a) Qual o tema do texto proclamado?
- (b) Quais os personagens do texto?
- (c) O que fazem os personagens? O que dizem? Aonde foram? A quem procuravam? Encontraram-no? Em que dia aconteceu o fato narrado no texto?

É importante ficar atento à participação do grupo. Ajudar aos que manifestem mais dificuldades, retomando palavras e frases ditas.

Compreendendo a Palavra

No texto que ouvimos, a ressurreição de Jesus se deu no primeiro dia da semana que se tornou o "Dia do Senhor" para nós: o domingo. E é também o início de um mundo novo com Jesus ressuscitado, que venceu a morte e as trevas. As mulheres, Maria Madalena, Joana e Maria, mãe de Tiago, foram ao túmulo bem de madrugada, levando perfumes que tinham preparado para ungir o corpo de Jesus. Mas no caminho pensavam: "quem vai tirar a grande pedra que colocaram em cima do túmulo?" Chegando lá, foi uma surpresa, a pedra não estava mais no lugar. Entraram e viram o túmulo vazio. Logo pensaram que alguém havia roubado o corpo de Jesus. Ficaram com medo e sem saber o que aconteceu. Em seguida, viram dois homens vestidos de branco, que lhes disseram: "Jesus não está mais aqui, Ele ressuscitou!". Lembram-se do que Ele fez e que disse que iria morrer e ressuscitar. Agora não é mais uma promessa, tornou-se realidade. Ele havia dito que iria ressuscitar e isso aconteceu de verdade. É a fé que nos faz crer na ressurreição. Então as mulheres se lembraram disso, voltaram do túmulo e foram contar para os Apóstolos o que tinha acontecido. Na hora, eles acharam que era mentira e não acreditaram. Mas Pedro teve coragem, levantou-se e correu ao túmulo. Olhando, viu apenas os panos. E voltando para sua casa admirado, entendeu que algo novo estava acontecendo. A atitude de Pedro não é mais de medo nem de desconfiança, mas de admiração, à semelhança das mulheres que acreditaram que Jesus ressuscitara e continua vivo. Assim como as mulheres e Pedro, hoje também nós somos convidados e chamados a partilhar essa alegria da ressurreição, fazer memória do que Jesus fez e disse. Vamos anunciar Jesus, que está vivo, Ressuscitado no meio de nós.

Para aprofundar e refletir

A vocação da comunidade é anunciar Jesus Cristo morto e ressuscitado, que veio revelar o Pai e nos comunicou o Espírito. Faz parte desse anúncio reconhecer os sinais do amor de Deus na vida de cada batizado e sentir a comunidade cristã como lugar do encontro com Cristo.

Para manter viva nos cristãos a missão de anunciar Jesus vivo e ressuscitado, é fundamental que se tenha itinerários contínuos que integram uma consciência viva de Jesus Cristo e do seu Evangelho, a capacidade de ler na fé a própria experiência e os acontecimentos da história. O cristão necessita de um acompanhamento na oração e na celebração da liturgia, uma formação à leitura orante da Palavra de Deus e o sustento ao testemunho da caridade e à promoção da justiça, propondo, desse modo, uma verdadeira espiritualidade cristã. O Papa Francisco, no documento "Os jovens, a fé e o discernimento vocacional, n. 133 e 140, afirma que: "Deus chama em todas as idades da vida – desde o ventre materno até a velhice, mas a juventude é o momento privilegiado da escuta, da disponibilidade e da aceitação da vontade de Deus" (SÍNODO DOS BISPOS, 2019).

Ler e meditar:
✓ O número 164 da exortação apostólica *Evangelii Gaudium*.

4. MEDITANDO A PALAVRA

Convidar os catequizandos a refletirem e conversarem sobre:

- ✓ Qual palavra ou frase mais chamou sua atenção?
- ✓ O que a Palavra diz para você? Para nosso grupo?
- ✓ Como você pode perceber que Jesus te chama para segui-lo?
- ✓ Que compromisso você assume diante do chamado de Jesus?

5. REZANDO COM A PALAVRA

Comentar que a Igreja nos motiva a seguir Jesus. Após tudo o que refletimos com o Evangelho deste encontro, vamos fazer um instante de silêncio e nos colocar disponíveis para escutar seu convite. Peça que procurem sentir agora o olhar penetrante de Jesus sobre eles, chamando pelo seu nome. Jesus os convida para caminhar com Ele, pois precisa das nossas mãos, dos nossos lábios, dos nossos pés para anunciar a todos a mensagem do Reino, a mensagem do amor, a boa notícia da salvação. Anunciar ao mundo quem é Ele.

Motivar que cada um faça a sua oração pessoal de louvor, de perdão, de súplica respondendo à questão: o que queremos dizer a Deus? Peça que a escrevam e compartilhem com o grupo.

Ao concluir, orientar para, após cada oração, todos repetirem: *Jesus ressuscitado, dai-nos coragem para te seguir.*

Encerar este momento motivando a rezarem juntos a Sequência Pascal:

1. Cantai, cristãos, afinal: "Salve, ó vítima pascal!"
Cordeiro inocente, o Cristo abriu-nos do Pai o aprisco.
2. Por toda ovelha imolado, do mundo lava o pecado.
Duelam forte e mais forte: é a vida que vence a morte.
3. O Rei da vida, cativo, foi morto, mas reina vivo!
Responde, pois, ó Maria: no caminho, o que havia?
4. "Vi Cristo ressuscitado, o túmulo abandonado.
Os anjos da cor do sol, dobrado no chão, o lençol".
5. O Cristo que leva aos céus, caminha à frente dos seus!
Ressuscitou, de verdade! Ó Cristo Rei, piedade!

Comentar que este encontro nos ajudou a perceber e escutar Jesus, que nos chama a segui-lo. Pedir que formem um círculo ao redor dos símbolos e juntos dizer: *Jesus nos chama a ressuscitar com Ele.*

Encerrar motivando a rezarem o Pai-nosso.

6. VIVENDO A PALAVRA

Propor como compromisso nesta semana:

- ✓ Contar aos pais e aos colegas o que aprendeu neste encontro.
- ✓ Rezar, em família, pedindo para poder seguir o caminho que Jesus ressuscitado nos convida.

24º ENCONTRO

O RESSUSCITADO NOS ENVIOU SEU ESPÍRITO

Sentido do encontro

Jesus, após realizar sua missão, volta ao Pai, mas diz aos seus discípulos: "Não vos deixarei órfãos, enviarei a vocês o Paráclito, o Espírito. Ele vos ensinará todas as coisas". Esse Espírito prometido é derramado sobre a Igreja nascente, sobre os Apóstolos, para que deem testemunho da ressurreição e do senhorio de Jesus. A mensagem é ouvida por pessoas das diversas línguas e nações. Pentecostes é uma festa pascal, ou seja, o desenvolvimento do mistério da Páscoa. É a festa do Senhor ressuscitado que dá aos discípulos o seu Espírito, que é o Espírito de Deus Pai.

Objetivo

Reconhecer que quem anima a Igreja é o Espírito Santo, enviado por Jesus.

Ambientação

Cadeiras em círculo, a Bíblia, o Círio Pascal, um pote com água. Preparar, recortadas em papel vermelho, várias línguas de fogo, conforme o número de catequizandos, e colocá-las no ambiente do encontro.

Acolhida

Acolher, com alegria, os catequizandos com um abraço e pedir que cada um deles abrace também os colegas que estão chegando.

1. OLHANDO PARA A VIDA

Iniciar a conversa revendo os compromissos do encontro anterior e como viveram a semana.

Explicar que o tema deste encontro será sobre o Espírito Santo e perguntar:
- ✓ Quem já ouviu falar do Espírito Santo?
- ✓ Sabe dizer quem é e o que faz em nossas vidas?

2. ORAÇÃO INICIAL

Acende-se o Círio cantando...

Comentar que hoje, em nosso encontro, vamos conversar sobre a terceira pessoa da Santíssima Trindade, o Espírito Santo. Ele foi enviado por Jesus ressuscitado aos seus discípulos e a cada um de nós.

Motivar que cada um toque a água que foi preparada e faça o sinal da cruz. Peça que façam silêncio, preparando a mente e o coração para escutar o que o Espírito Santo tem a lhes dizer, e recebam a sua luz e força.

Convidar a olharem para os símbolos que ambientam o encontro e comentar: *Esses símbolos estão aqui para nos ajudar a compreender o que vamos refletir hoje.*

Enquanto observam os símbolos, incentivar a cantarem *Nós estamos aqui reunidos*, ou outro canto conhecido do grupo e adequado ao encontro.

3. ESCUTANDO A PALAVRA

Proclamar o texto bíblico de At 2,1-13.

Orientar que releiam o texto bíblico, por versículos, espontaneamente.

Conduzir para juntos construírem a história: quem estava lá, onde acontece a cena e como acontece?

Convidar a pensarem e anotarem o que acharam mais interessante nesse acontecimento.

Compreendendo a Palavra

O Espírito liberta a Palavra e ilumina os corações. Já no início, o texto diz que "estavam todos reunidos no mesmo lugar". E "o ruído do vento encheu toda a casa onde se encontravam" (At 2,2). Encheu toda a casa, lugar de encontro, de refeição, de ceia, com pessoas reunidas, não necessariamente no templo, mas na casa, numa sala, lugar onde todos podem entrar e fazer parte. Nesse espaço da casa é que o Espírito se manifesta, sopra forte como um vento. Como podemos ler, ali "todos eles se reuniam sempre em oração, com as mulheres, entre as quais Maria, a mãe de Jesus, e os irmãos dele" (At 1,14). Esse lugar torna-se agora a sede da Igreja nascente (cf. At 1,13). Os discípulos, unidos pelos mesmos sentimentos, entregaram-se à oração (At 1,14). Após ter permanecido um tempo com seus discípulos, o Senhor ressuscitado subiu ao céu, mas enviou o Espírito Santo e, pela sua força, ficaram animados e cheios de coragem para testemunhar, com gestos e com palavras, os ensinamentos de Jesus.

Para aprofundar e refletir

A Igreja nascente experimenta essa força do Espírito, vai tornando-se fecunda com a diversidade dos dons e carismas (cf. 1Cor 12,1-11). Marcada com o selo do Espírito Santo, a comunidade cristã continua a obra de Jesus, favorecendo assim a salvação, como afirma o Apóstolo Paulo: "São vocês uma carta de Cristo redigida por nosso ministério e escrita não com tinta, mas com o Espírito do Deus Vivo" (2Cor 3,3).

Dom Anselmo Chagas de Paiva, em sua homilia de Pentecostes de 2021, citando Santo Agostinho, destacou: "Os membros dispersos do gênero humano, como membros de um único corpo, voltam a ser unificados na única cabeça que é Cristo, fundidos na unidade de seu santo corpo pelo fogo do amor (cf. Santo Agostinho, *sermão* 8,1: PL 65, 742-743)". E ainda, lembrando São Leão Magno, disse: "As línguas próprias de cada povo se tornaram comuns, começando a ressoar pelo mundo inteiro a pregação do Evangelho. A partir de então, uma chuva de carismas e rios de bênçãos irrigaram todo deserto e toda terra árida, a fim de renovar a face da terra (Leão Magno, *tract.* 75, 1-3)".

A Igreja que nasce no Pentecostes constitui a Igreja universal, que fala as línguas de todos os povos, e na força do Espírito todos se entendem.

> Ler e meditar:
> ✓ O texto bíblico de: Ef 4,15-16.
> ✓ Os números 149 e 150 do Documento de Aparecida, que nos apresentam como a Igreja é animada pelo Espírito enviado por Jesus.
> ✓ O número 4 da constituição dogmática *Lumem Gentium*, que aborda o Espírito que santifica a Igreja.

4. MEDITANDO A PALAVRA

Convidar os catequizandos para refletirem e conversarem sobre:
- ✓ A partir do que lemos no texto bíblico e da reflexão feita, o que a Palavra ensina? O que significa isso para cada um de nós?
- ✓ Que atitudes é preciso cultivar para dar espaço para o Espírito Santo agir?
- ✓ Quais são os sinais da presença e da força do Espírito Santo em nossa família, em nossa comunidade e na vida das pessoas?
- ✓ O que esse relato tem a ver com Jesus ressuscitado?

5. REZANDO COM A PALAVRA

Convidar os catequizandos a refletirem: o que a Palavra me faz dizer a Deus?

Orientar que fiquem em pé ao redor do Círio Pascal e cada um faça espontaneamente sua oração a Deus, que pode ser de súplica, louvor ou agradecimento. Após cada oração, propor um canto conhecido do grupo e adequado ao tema do encontro.

Encerrar convidando-os a rezarem juntos:

Ó Deus, Tu nos amas com amor infinito. Nós te pedimos, derrama em nossos corações a graça do teu Espírito, para que renove nossa vida, refaça nossas energias, ilumine nossa mente, aqueça nosso coração e nos dê um novo jeito de viver. Ó Deus, fonte de toda sabedoria, derrama sobre nós a luz do teu Espírito para que possamos ser corajosos em viver e anunciar a tua Palavra. Por Cristo, nosso Senhor. Amém.

Entregar aos catequizandos uma "língua de fogo" e solicitar que escrevam nela uma atitude que desejam que o Espírito Santo suscite em cada um. Orientar que levem-na para casa como lembrança deste encontro.

6. VIVENDO A PALAVRA

Propor como compromisso da semana que cada um, em casa com a família, leia o texto bíblico meditado no encontro. Depois, convidar a rezarem e partilharem o que o Espírito inspirar a cada um.

25º ENCONTRO

OS FRUTOS DO ESPÍRITO SANTO EM NOSSA VIDA

Sentido do encontro

A vida de Jesus e dos seus seguidores é como uma árvore que cresce, amadurece e dá fruto.
O Senhor ressuscitado nos enviou seu Espírito e deseja que, com os dons recebidos, possamos produzir frutos de vida, de esperança, de amor, de fraternidade. Como pessoas cristãs, vivemos no mundo e devemos fazer a diferença. Deixe o Espírito transformar sua vida! Cresça nos frutos do Espírito!

Objetivo

Perceber a importância de vivermos guiados pelo Espírito Santo e por Jesus.

Ambientação

Vela, Bíblia, cadeiras em círculo. Preparar doze balões coloridos contendo um papel onde esteja escrito um dos frutos do Espírito Santo: caridade, alegria, paz, paciência, serenidade, bondade, ajuda, mansidão, fidelidade, modéstia, privação, castidade (Gl 5,22-23).

Acolhida

Acolher, com alegria, os catequizandos com um abraço e pedir que cada um deles abrace também os colegas.

1. OLHANDO PARA A VIDA

Iniciar a conversa revendo o encontro anterior: o que lembramos dele? Quais os compromissos que assumimos? Como conseguimos cumpri-los?

2. ORAÇÃO INICIAL

Acende-se a vela...

Comentar que em nosso encontro de hoje, vamos refletir sobre os frutos do Espírito Santo. Jesus enviou seu Espírito a cada um de nós. Quando acolhido em nossa vida, o Espírito produz muitos frutos. Hoje vamos conhecer esses frutos que somos chamados a viver.

Motivar a invocarem a luz do Espírito Santo pedindo para traçarem o sinal da cruz, sinal do cristão.

Convidar a se prepararem para acolher a Palavra que será proclamada, cantando: *A nós descei divina luz*.

3. ESCUTANDO A PALAVRA

Proclamar o texto bíblico de Gl 5,16-26.

Orientar a relerem, por versículos, espontaneamente.

Pedir que reflitam e anotem:

a) Qual o convite, o apelo que a Palavra que ouvimos faz para você e para o grupo?

b) O que chamou mais sua atenção?

Compreendendo a Palavra

A Igreja de Jesus, na qual acreditamos e da qual somos membros pelo Batismo, não é simplesmente uma religião entre tantas, é presença sacramental para testemunhar na sociedade e entre os povos o carinho de Deus. Seus fundamentos estão na própria Trindade Santíssima: nasce da experiência da filiação (cf. Gl 4); toma forma concreta como corpo de Cristo (cf. 1Cor 12): é o princípio de nossa atuação (cf. Gl 5,16-26). Nossa comunhão com Deus e em Deus eleva a seu grau supremo nossa comunhão na mesma humanidade, alarga-a aos horizontes para podermos enxergar mais longe. O Espírito Santo nos dá poder para viver e andar. Ele nos guia no caminho do bem e faz-nos produzir frutos de vida verdadeira. Ele nos guia para vencermos o mal e vivermos conforme a vontade de Deus. Se formos fiéis ao Espírito, certamente amadureceremos para produzirmos frutos de boa qualidade. Quem vive as qualidades citadas como fruto que vem do Espírito só poderá produzir frutos que vêm do mesmo Espírito e de Jesus ressuscitado. São muitos os frutos que o Espírito nos concede, na carta aos Gálatas, no entanto encontramos doze: "O fruto do Espírito é a caridade, a alegria, a paz, a paciência, a longanimidade, a bondade, a benignidade, a mansidão, a fidelidade, a modéstia, a continência, a castidade" (Gl 5,22-23).

Para aprofundar e refletir

Os cristãos, são chamados a viver conforme Jesus Cristo. Deixando-se guiar pelo Espírito, terão as condições para exercitar na sua vida os frutos do Espírito ou seja, o amor, a caridade a alegria, a paz, a misericórdia e a correção fraterna. O amor é o fim último que buscamos alcançar. Os frutos do espírito nos ajudam a vencer as dificuldades e nos permitem a viver na alegria e na paz com as pessoas, nos tornam mais fraternos e nos dão forças para seguirmos adiante, deixando de lado o medo, a ansiedade e a inquietude do nosso coração.

> Ler e meditar:
> ✓ Os textos bíblicos de: Jo 4,14; 1Cor 3,16.
> ✓ Os números 1829-1832 do Catecismo da Igreja Católica, para nos ajudar a compreender a importância dos frutos do Espírito.
> ✓ A catequese sobre a Carta aos Gálatas 13 – O fruto do Espírito, do Papa Francisco. Essa catequese foi realizada na audiência geral de 27 de outubro de 2021 e está disponível na internet, no site do Vaticano.

4. MEDITANDO A PALAVRA

Convidar os catequizandos a refletirem e conversarem sobre:
- ✓ O que essa reflexão da Palavra de Deus diz para você hoje? E para todos nós, como Igreja de Jesus?
- ✓ Quais os apelos que o texto faz a você?
- ✓ Você percebe os frutos do Espírito nos cristãos batizados e confirmados?
- ✓ Como são vividos esses frutos nos dias de hoje?

5. REZANDO COM A PALAVRA

Motivar a pensarem e anotarem a resposta à questão: o que a Palavra de Deus de hoje faz você dizer a Deus?

Orientar cada catequizando a pegar um dos balões que estão no ambiente e procurar – no papel que está dentro dele – o fruto do Espírito Santo. Cada um deverá dizer qual fruto pegou e fazer uma oração, uma prece de louvor, de súplica ou de perdão.

Convidar a rezarem juntos a oração em seus livros, pedindo ao Senhor para enviar sobre o grupo o seu Espírito, para animá-los e fortalecê-los.

> Ó Deus, por teu Espírito Santo animaste a vida e a missão dos primeiros discípulos de Jesus. Ilumina com o mesmo Espírito os nossos corações e acende neles o fogo do teu amor, para que sejamos testemunhas de tua Palavra e possamos produzir os frutos de vida, de amor, de fraternidade, de alegria que nos ensinaste. Pedimos isso em nome de Jesus, nosso Senhor. Amém.

6. VIVENDO A PALAVRA

Propor como compromisso do encontro que cada um escolha um dos frutos do Espírito para viver mais intensamente ao longo da semana e convide a família a participar desse compromisso.

26º ENCONTRO

BEM-AVENTURANÇAS, CAMINHO DE FELICIDADE

Sentido do encontro

As bem-aventuranças são o caminho apontado pelo próprio Cristo para a felicidade e a santidade. Esse caminho percorrido individualmente deverá gerar um pensamento comunitário, pois é preciso promover a paz a todos, querer que a justiça seja também para todos. Seremos então bem-aventurados se buscarmos como comunidade, unida pelo Espírito Santo recebido no Sacramento da Crisma, o caminho da felicidade plena.

Objetivo

Perceber que é pela prática das bem-aventuranças pregadas por Jesus que se alcança a total felicidade.

Ambientação

Preparar no centro da sala de encontro um pequeno caminho, colocando a Palavra de Deus e uma vela no final; se possível, colocar pegadas, simbolizando o caminho a percorrer. Providenciar tarjas de papel com as bem-aventuranças escritas.

Acolhida

Acolha seus catequizandos afetuosamente, desejando-lhes um bom encontro.

1. OLHANDO PARA A VIDA

Retomar o que recordam sobre o compromisso do encontro anterior.

Convidar os catequizandos a observarem as tarjas que estão pelo caminho com as bem-aventuranças, pedindo que compartilhem as palavras que mais chamam a atenção. Dialogar sobre o que eles entendem por felicidade.

2. ORAÇÃO INICIAL

Acende-se a vela...

Motivar a fazerem o sinal da cruz.

3. ESCUTANDO A PALAVRA

Proclamar o Evangelho segundo São Mateus 5,1-13, calmamente e pausando a cada bem-aventurança.

Pedir que leiam em silêncio e, em seguida, destaquem palavras ou expressões que mais chamaram a atenção. Ao final, ir reconstruindo o texto em grupo, permitindo que os catequizandos utilizem suas palavras.

Motivar a refletirem, anotarem e partilharem com o grupo as respostas às seguintes questões:

- a) Quais palavras mais chamaram sua atenção?
- b) Quem são os convidados a participar do Reino de Deus?
- c) Quais as graças garantidas para aqueles que procuram seguir cada bem-aventurança?

Compreendendo a Palavra

As bem-aventuranças são palavras que ensinam os discípulos, anunciando-lhes promessas e mostrando-lhes o caminho do seguimento a Jesus. Indicam a subversão dos critérios do mundo: os que são pelo mundo considerados como nada, são ditos felizes. Trata-se de uma felicidade em outra dimensão, onde o cristão se alegra não obstante os sofrimentos (Mt, 5,12: "alegrai-vos!"). As bem-aventuranças são, assim, imagem da nova ordem, do mundo novo, do Reino que Jesus inaugura e que já se inicia agora; são também retrato do próprio Jesus: Ele é o primeiro a ser pobre em espírito, manso, misericordioso...

E, com isso, elas são orientações para os discípulos. Os santos viveram essa assimilação da pessoa de Jesus. São hoje bem-aventurados no céu, mas já começaram, pela vivência cotidiana dos valores das bem-aventuranças, a sê-lo nesta Terra. A vida segundo o Evangelho não é uma vida tristonha, revoltada, mas já nos faz, aqui e agora, saborear a bem-aventurança celeste. Quem está com Jesus já participa, na sua vida concreta, da bem-aventurança prometida.

Para aprofundar e refletir

As bem-aventuranças apresentadas por Jesus respondem ao desejo humano de felicidade, como lemos no Catecismo da Igreja Católica: "Este desejo é de origem divina porque Deus colocou no coração do homem, a fim de atrai-lo, pois só Ele pode satisfazê-lo" (CIgC, n. 1718).

Os batizados que desejam viver o seguimento de Jesus encontram nas bem-aventuranças o caminho seguro que leva à felicidade plena. Compreender isso é estar em sintonia com o Pai, que desde a criação sonha com nossa felicidade, e com nossos irmãos e irmãs, que unidos também trilham esse caminho e buscam a felicidade eterna. Essa promessa de felicidade anima e fortalece os discípulos e discípulas de Jesus em suas dificuldades e tribulações e os sustenta na esperança. Revela também a vocação daqueles que, associados à glória da Paixão e Ressurreição, são iluminados em suas ações e atitudes próprias de uma vida cristã. O chamado a viver as bem-aventuranças é feito a cada pessoa, mas também à Igreja e a todos os que professam a fé e nela buscam viver e amadurecer.

> Ler e meditar:
> ✓ O Evangelho de Mateus 5,1-12.
> ✓ Os números 1717–1719 do Catecismo da Igreja Católica, em que se explicita o sentido das bem-aventuranças para a nossa vida.

4. MEDITANDO A PALAVRA

Conversar e refletir sobre:

- ✓ Você se identifica com as bem-aventuranças? Qual delas mais chamou sua atenção?
- ✓ Você conhece algum familiar, amigo ou alguém de nossa Igreja que vive as bem-aventuranças? De que modo essa pessoa as vive?
- ✓ Vale a pena seguir e praticar as bem-aventuranças? Por quê?

5. REZANDO COM A PALAVRA

Orientar os catequizandos a escolherem uma das bem-aventuranças para assumirem como missão para sua vida. Depois, solicitar que escrevam uma oração pedindo ao Senhor para ajudá-los a vivê-la.

Motivar a rezar na Bíblia o Salmo 16(15).

Concluir este momento rezando a oração do Senhor, o Pai-nosso.

6. VIVENDO A PALAVRA

Orientar que, em família, leiam a passagem bíblica do encontro e anotem o que cada membro entende por felicidade, assumindo também o compromisso de viver uma bem-aventurança de maneira concreta.

27º ENCONTRO

O ESPÍRITO NOS ENSINA A SERMOS PROMOTORES DA VIDA

Sentido do encontro

Jesus demonstrou que sua missão era que todos tivessem vida em abundância. O Espírito de Deus, que está em nós desde o Batismo e que na Crisma foi confirmado, nos impulsiona a promover a vida em todos os aspectos. Somos chamados e enviados a realizar ações e gestos que defendam e promovam a vida de todos sem preconceitos ou distinção de pessoas, pobres ricas, jovens ou idosas. Esse é o desejo de Deus, desde o início da vida e da criação. O sopro de Deus deu vida à criação e à pessoa humana.

Objetivo

Compreender que o Espírito de Deus, que foi soprado sobre Adão e a ele deu vida na criação, também está dentro de nós para sermos promotores da vida para todos, sem distinção.

Ambientação

Bíblia em destaque, rodeada de galhos verdes e flores (sinais de vida), vela e bacia com água.

Acolhida

Com alegria pelo reencontro, acolher cada catequizando dando as boas-vindas.

1. OLHANDO PARA A VIDA

Perguntar como passaram a semana e retomar o compromisso do encontro anterior.

Conversar com os catequizandos sobre o que entendem por vida e qual a sua importância. Após essa primeira conversa introduzir a noção de que a vida é a primeira vocação para a qual somos chamados por Deus. Ele também sopra sobre nós o seu Espírito, como o fez com Adão. Assim nos dá a vida.

2. ORAÇÃO INICIAL

Acende-se a vela...

Orientar os catequizandos a, em silêncio, lembrarem os dons que Deus nos dá: a vida, a família, nossos amigos, o seu Espírito e tantas outras coisas. Podem também lembrar das pessoas que os ajudaram e ajudam, agradecendo a Deus o dom da vida desses irmãos e irmãs.

Incentivar a prepararem a mente e o coração para acolher a Palavra que será proclamada, cantando: *Tu és fonte de vida* (Taizé).

3. ESCUTANDO A PALAVRA

Proclamar o Evangelho segundo São Mateus 25,31-46.

Solicitar a um catequizando que faça a proclamação.

Orientar que cada um releia em silêncio o texto proclamado e, em seguida, destaque as palavras difíceis e o versículo que mais chamou a atenção.

Convidar a pensarem e anotarem, depois compartilharem com o grupo suas respostas às questões:

- a) O que acontece na passagem lida?
- b) O que acontece com as ovelhas? Por quê?
- c) E com os cordeiros, o que acontece? Por que são afastados?

Compreendendo a Palavra

Jesus, durante sua missão, diversas vezes anunciou que seu desejo era dar vida em abundância ao mundo (Jo 10,10). Revelou que veio para dar a vida pelas suas ovelhas (Jo 10,11); revelou ser também o Deus da vida ao ressuscitar Lázaro (Jo 11,43-44), o filho da viúva de Naim (Lc 7,13-15) e a filha de Jairo (Mt 9,23-26). Vemos, pois, que nosso Deus é Deus da vida. Jesus morreu e, por sua Morte e Ressurreição, deu-nos o prêmio da vida eterna. Mas poderíamos nos perguntar: como podemos alcançar a vida eterna? A resposta se encontra no Evangelho do encontro de hoje. A passagem narra a prefiguração do juízo final e a separação dos bons e dos maus. Os benditos são aqueles que souberam acolher Cristo presente no mais sofredor, no que passava fome, sede, no injustiçado, no preso, no doente, no nu. Souberam acolher o migrante, ajudar os refugiados,

> *sem excluir ou julgar, pois, mesmo sem saber quem era aquele que pedia ajuda, ajudaram-no. Porém, vão ser condenados aqueles que não souberam ajudar e acolher, que excluíram, afastaram, condenaram e julgaram sem saber que, na figura daquele necessitado, estava Cristo. Assim, a leitura nos leva a questionar: como estamos acolhendo o Cristo no outro? Cantamos em nossas celebrações: "Entre nós está, e não o conhecemos, entre nós está, e nós o desprezamos". Lembremos sempre do mandamento de Jesus: "Amarás o teu próximo como a ti mesmo" (Mt 22,39).*

Para aprofundar e refletir

O serviço à vida começa pelo respeito à dignidade da pessoa humana, por meio de iniciativas concretas em defesa e promoção da vida. Tratando o ser humano como deve ser tratado, respeitando-o no que lhe é próprio sem discriminação nem preconceito, acolhendo, perdoando, recuperando a vida e a liberdade de todas as pessoas (cf. Diretrizes Gerais da Ação Evangelizadora da Igreja no Brasil 2015-2019, n. 110).

No mundo atual, vivemos a realidade do subjetivismo e do individualismo, a idolatria dos bens terrenos que comprometem o sentido da vida, nos distanciam de Deus e do seu projeto. Jesus, no entanto, nos apresenta a vida em Deus como valor supremo: "De que vale alguém ganhar o mundo e perder a própria vida?" (Mc 8,36). É uma convocação para que, como discípulos e discípulas, vivamos n'Ele, dedicando a nossa vida para ser sal da Terra e luz do mundo, na busca de sempre caminhar juntos na comunhão fraterna, como Jesus nos ensina: "Um é o seu Mestre, e todos vocês são irmãos" (Mt 23,8), crescendo como pessoas integradas.

> Ler e meditar: os números 108, 109 e 110 do Documento de Aparecida.

4. MEDITANDO A PALAVRA

Convidar os catequizandos a refletirem e conversarem sobre:
- ✓ Os cordeiros/benditos no texto proclamado foram convidados a participar do Reino celeste por terem feito boas obras. Quais são as boas obras que podemos fazer em nosso dia a dia?
- ✓ As árvores, plantas e flores também são sinais de vida, florescem e embelezam o nosso mundo. Como é cuidada e protegida a criação de Deus? Qual é a sua participação?
- ✓ Como podemos ser promotores da vida em nossa família, na escola, no grupo de amigos e na comunidade paroquial? E o que se pode fazer pela preservação do meio ambiente?

5. REZANDO A PALAVRA

Convidar os catequizandos a se colocarem na presença de Deus e agradecerem o dom da vida, da sua vida, da família e de todo o mundo. Pode orientar que escrevam a oração, rezem e partilhem espontaneamente com o grupo.

Motivar a observarem a água que está na ambientação e lembrarem os momentos em que a água foi sinal de vida.

Comentar que a água é sinal de vida. Na criação, o Espírito Santo de Deus pairava sobre as águas, antes que Ele separasse a terra firme dos mares, criasse os animais, as plantas, homem e mulher. Foi nas águas do dilúvio que Deus purificou a humanidade de todos os seus pecados. Por intermédio de Noé e sua descendência, Deus reconstruiu a nova humanidade. Foi por meio das águas do Mar Vermelho que o povo hebreu, liberto do julgo do faraó, atravessou para a liberdade e assim pôde chegar à terra prometida. Está escrito no livro de Ezequiel que a água que brotava do altar e irrigava todas as plantas dava vida e frutos abundantes.

Após o comentário, soprar sobre a água, lembrando que o sopro é sinal de vida. Foi por meio do sopro que Deus deu vida ao homem.

Convidar os catequizandos a se aproximarem da água e fazerem o sinal da cruz.

Encerrar o momento rezando o Salmo 103(102).

6. VIVENDO A PALAVRA

Orientar cada um a se questionar sobre: como podemos ser promotores da vida?

Comentar que são muitos os irmãos necessitados que precisam de ajuda espiritual e material. Nossa Igreja tem pastorais sociais que ajudam alguns desses irmãos?

Solicitar que procurem conhecer o trabalho das pastorais da comunidade e contribuir com algo que possa ajudar as famílias assistidas.

28º ENCONTRO

A MISSA: CELEBRAÇÃO DO POVO DE DEUS

Sentido do encontro

O povo de Deus é o povo de batizados convocados para a ceia do Senhor. Reunidos em nome do Senhor, celebramos nossa fé, participamos da reunião da comunidade, da missa, com orações, palavras, cantos, gestos e sinais para rezar, pedir, louvar e dar graças ao Cristo vivo que está em nosso meio.

A missa, maior oração do cristão, maior oração da Igreja, é chamada de Celebração Eucarística. Nela, somos alimentados do pão da Palavra e do pão da Eucaristia: Corpo e Sangue do Senhor Jesus.

Objetivo

Compreender o sentido e a importância da missa como celebração da ceia com o Senhor e oração comunitária do povo de Deus.

Ambientação

Bíblia em destaque, vela, pão para partilhar, fotos de celebrações da comunidade.

Acolhida

Acolher cada catequizando com a saudação "paz e bem".

1. OLHANDO PARA A VIDA

Retomar o compromisso do encontro anterior.

Convidar a observarem as fotos de celebrações da comunidade, disponibilizadas no encontro, e identificarem os gestos e momentos litúrgicos nelas registrados.

Conversar com os catequizandos sobre o que significa a missa para cada um; o que sabem sobre ela; o que a missa significa e se eles têm o costume de participar. Questionar: o que mais gostam na missa e o que não gostam?

2. ORAÇÃO INICIAL

Orientar que sigam o roteiro da oração em seus livros, para rezarem juntos.

Catequista: Em nome do Pai e do Filho e do Espírito Santo.

Todos: Amém!

Catequista: A graça de nosso Senhor Jesus Cristo, o amor do Pai e a comunhão do Espírito Santo estejam conosco.

Todos: Bendito seja Deus, que nos reuniu no amor de Cristo.

Enquanto acende-se a vela, motivar a cantarem *Agora é tempo de ser Igreja* ou outro canto conhecido pelo grupo e adequado ao tema do encontro.

3. ESCUTANDO A PALAVRA

Proclamar o Evangelho segundo São Lucas 22,7-19.

Orientar a relerem o texto bíblico em silêncio.

Solicitar que pensem e anotem:

a Qual foi o versículo que mais chamou a atenção?

b Quais são os gestos de Jesus? Qual a missão deixada por Jesus aos seus discípulos?

Compreendendo a Palavra

Jesus, como bom judeu que era, guardava os costumes do seu povo; assim ele fez também ao celebrar pela última vez a ceia, seguindo o rito solene que os judeus celebravam desde quando saíram do Egito. Naquela noite, relata o Evangelho de Lucas, Jesus colocou-se à mesa com seus amigos, pois era ardente seu desejo de celebrar com eles aquela festa. Deu graças e partiu o pão, fez o mesmo com o cálice com vinho, e em ambas as vezes, Ele afirmou: "isto é meu corpo" ou ainda "isto é o meu sangue". São claras e indubitáveis as palavras, realmente o pão é seu corpo e o vinho, é seu sangue. Ainda continuou e nos deu a ordem: "fazei isso em minha memória". São Paulo, em 1Coríntios 11,26, diz "todas as vezes que comerdes deste pão e beberdes deste cálice, estareis proclamando a morte do Senhor, até que ele volte", isto é, estamos fazendo em cada Celebração Eucarística a memória da Paixão, Morte e Ressurreição do Mestre. Jesus quer celebrar a Nova Aliança do amor, a passagem da opressão da antiga lei para a revelação do projeto de amor do Pai pela humanidade. Tomar do cálice significa que Jesus estava cumprindo sua missão e pede a seus amigos que tomem parte desse momento, quando é passado o cálice para eles.

Para aprofundar e refletir

A Eucaristia é o memorial da Morte e Ressurreição de Jesus, o principal sacramento da Páscoa cristã. Somos convidados a participar dela de modo consciente, ativo, pleno e frutuosamente, como fala a constituição *Sacrosanctum Concilium*, no número 14:

> Deseja ardentemente a Mãe Igreja que todos os fiéis sejam levados àquela plena, cônscia e ativa participação nas celebrações litúrgicas, que a própria natureza da liturgia exige é à qual, por força do Batismo, o povo cristão, "geração escolhida, sacerdócio régio, gente santa, povo de conquista" (1 Pd. 2,9; cf. 2, 4-5), tem direito e obrigação.

A missa é composta por quatro partes: os Ritos iniciais, Liturgia da Palavra, Liturgia Eucarística e Ritos finais:

Ritos iniciais precedem a Liturgia da Palavra e são compostos por canto de entrada, com o qual a equipe de celebração adentra o espaço sagrado e o sacerdote beija o altar; sinal da cruz; o ato penitencial, onde pedimos perdão de nossas faltas; hino de louvor, popularmente chamado de glória; e conclui-se com a oração da coleta, que introduz a comunidade no mistério a ser celebrado.

Liturgia da Palavra: nos domingos e solenidades, temos a primeira leitura, que é tirada do Antigo Testamento (e no Tempo Pascal, dos Atos dos Apóstolos); o salmo de resposta; que é a resposta do povo a Deus; a segunda leitura, tirada de uma das epístolas; a aclamação do Evangelho e a proclamação do Evangelho que conta a vida de Jesus; a homilia ou reflexão do presidente da celebração; a profissão de fé expressa no Creio; e termina com a oração da assembleia, que reza pela Igreja, pelos governantes, pelos que sofrem e por todas as intenções recomendadas.

Liturgia Eucarística tem início com a procissão das ofertas até o altar e sua apresentação a Deus; seguido da oração eucarística, que pede a presença do Espírito Santo sobre os dons oferecidos; a narrativa da instituição da Eucaristia; o pedido de unidade; a oração pelo papa e o bispo, pelos fiéis defuntos e a doxologia final (por Cristo, com Cristo e em Cristo...). Como irmãos, rezamos a oração do Pai-nosso, pedimos e nos saudamos com o sinal da paz, reverenciamos o Cordeiro imolado que tira o pecado do mundo e assim participamos da procissão da comunhão para recebermos o Corpo e Sangue de Jesus. O momento se encerra com a oração depois da comunhão.

Ritos finais encerram a Celebração Eucarística. Como de costume, são dados os avisos gerais da comunidade e o sacerdote pronuncia a bênção final, encerrando com a despedida "Ide em paz e que o Senhor vos acompanhe". A equipe celebrativa se retira com o canto final, bem como todos os cristãos, que vão em missão levar a Palavra de Deus ao mundo.

> Ler e meditar:
> ✓ Os números 47 e 48 da constituição dogmática *Sacrosanctum Concilium*.
> ✓ O número 79 da exortação pós-sinodal *Sacramentum Caritatis*.

4. MEDITANDO A PALAVRA

Convidar os catequizandos a refletirem e conversarem a partir das seguintes perguntas:
- ✓ O que significa para nós o mandato de Jesus "fazei isto em memória de mim"?
- ✓ Identificar na celebração da missa os gestos de Jesus quando se reunia com seus discípulos (comunidade).

5. REZANDO COM A PALAVRA

Motivar os catequizandos a rezarem pelas intenções da comunidade, por exemplo: pelos enfermos, pelos desempregados, pelos ministros, pelos falecidos e benfeitores, e expressando as motivações em preces ao Senhor.

Explicar sobre a importância de rezarmos pela nossa comunidade eclesial.

Sugere-se apresentar a intenção geral do papa para o mês e, com os catequizandos, rezar por essa intenção particular.

Fazer a partilha do pão, lembrando o gesto de Jesus.

Concluir este momento rezando a oração do Senhor, o Pai-nosso.

6. VIVENDO A PALAVRA

Motivar que assumam como compromisso participar no próximo domingo da missa na comunidade, observando os momentos do rito litúrgico. Solicitar que anotem o que acharem mais interessante e o que mais gostarem.

29º ENCONTRO

DOMINGO, O DIA DO SENHOR

Sentido do encontro

O domingo é o dia do Senhor, dia de Cristo, dia da Igreja, dia do ser humano e dia dos dias.

Com o Espírito Santo recebido no Sacramento da Crisma, somos motivados como família a respeitar e guardar esse dia tão especial para nós, pois nos lembra sobretudo o dia da Ressurreição do Senhor, nossa eterna Páscoa. Ainda mais, devemos lembrar que a festa do encontro semanal ganha mais brilho ao lembrarmos que o Ressuscitado está em nosso meio, como cabeça da Igreja. Ele leva a plenitude a todos os seus membros, isto é, a todos nós que congregamos em torno da Palavra e da Eucaristia.

Objetivo

Compreender o valor e a importância do domingo, como o dia do Senhor, para todos os cristãos batizados.

Ambientação

Bíblia, vela, e se possível, o desenho de um corpo: na cabeça, a imagem do rosto de Cristo, e no corpo, o rosto de várias pessoas.

Acolhida

Expressar acolhida e alegria a cada catequizando, pela sua presença neste encontro.

1. OLHANDO PARA A VIDA

Retomar o compromisso do encontro anterior comentando quais foram as percepções obtidas pelos catequizandos na participação da missa.

Conversar com o grupo sobre a rotina das famílias no domingo.

Perguntar se alguém sabe qual a importância do domingo para os cristãos.

2. ORAÇÃO INICIAL

Acende-se a vela...

Motivar os catequizandos a agradecerem pelos dons vivenciados durante a semana. Comentar que esses dons, muitas vezes, são frutos da participação na missa dominical.

Convidar a cantarem: *Hoje é domingo, dia do Senhor* (Padre Zezinho).

3. ESCUTANDO A PALAVRA

Proclamar o texto bíblico de Ef 1,15-23.

Orientar a releitura do texto bíblico, pedindo que cada catequizando leia um versículo. Posteriormente, solicitar que realizem uma terceira leitura em silêncio.

Solicitar que meditem, anotem e partilhem com o grupo suas respostas às questões:

- a) Quais são os desejos de Paulo para os cristãos que guardaram a fé na comunidade de Éfeso?
- b) O que chamou sua atenção nessa leitura?

Compreendendo a Palavra

É costume do povo judeu respeitar e santificar o sábado como dia de guarda, pois esse dia é lembrado como o "descanso de Deus" (Ex 20,8-11; Dt 5,12-15). Com a ressurreição de Jesus no primeiro dia da semana (cf. Mt 28,1; Mc 16,9; Lc 24,1; Jo 20,1), os cristãos tomaram o domingo como dia para celebrar a memória da ressurreição do Senhor. Assim, já estava escrito no catecismo dos primeiros cristãos, conhecido como Didaqué, em seu n. 14:

> Reúnam-se no dia do Senhor para partir o pão e agradecer após ter confessado seus pecados, para que o sacrifício seja puro. Aquele que está brigado com seu companheiro não pode juntar-se antes de se reconciliar, para que o sacrifício oferecido não seja profanado. Esse é o sacrifício do qual o Senhor disse: "Em todo lugar e em todo tempo, seja oferecido um sacrifício puro porque sou um grande rei - diz o Senhor - e o meu nome é admirável entre as nações".

Para aprofundar e refletir

O "primeiro dia da semana" tornou-se dia do Senhor (domingo). Portanto agora é do Senhor esse dia! E quando dizemos do Senhor, falamos do Cristo ressuscitado, vivo. Isso significa: esse é o dia especial, "primordial", no dizer do Concílio Vaticano II (cf. SC, n. 106). O domingo é o dia da ressurreição, o dia dos cristãos. É o dia da Páscoa semanal, em que a comunidade cristã se reúne para fazer memória da ressurreição: "Este é o dia que o Senhor fez para nós alegremo-nos e n'Ele exultemos" (Sl 118,24). O Senhor Jesus Cristo está vivo em nós e nós temos vida em sua vitória sobre a morte. Esse é o dia semanal da Páscoa, ou seja, dia em que a Páscoa do Senhor e nossa é experimentada como bem viva, presente, aqui e agora. Como diz São Jerônimo († 419), "O domingo é o dia da ressurreição, o dia dos cristãos; é o nosso dia". A Eucaristia constituiu o núcleo, o centro, o essencial do dia do Senhor. Por ele, revivemos toda semana a mesma experiência dos primeiros discípulos e discípulas: o Senhor está vivo nas lutas e vitórias da gente, e as lutas e vitórias da gente ganharam sentido na luta e vitória definitiva de Cristo. Nesse dia, como aos Apóstolos reunidos no cenáculo, Ele aparece a nós, reunidos em assembleia litúrgica, e nos diz: "A paz esteja com vocês" (cf. Lc 24,36; Jo 20,19).

É lamentável que o domingo tenha se tornado para muitos cristãos um dia comum, um dia para se fazer tudo. A própria realidade do consumismo secularista dificulta, muitas vezes, a vivência cristã do dia do Senhor. Corremos também o risco de esvaziar o sentido do domingo com o excesso e superposição de comemorações que pretendemos realçar nesse dia, sem notar que não sobra espaço para celebrar o mistério pascal.

> Ler e meditar: os números 8, 25 e 36 da carta apostólica *Dies Domini* (1998), de São João Paulo II, buscando compreender mais e melhor o sentido do domingo.

4. MEDITANDO A PALAVRA

Convidar os catequizandos a refletirem sobre as seguintes questões:
- ✓ O que significa ser membro do corpo no qual Cristo é a cabeça (cf. Ef 1,22-23)?
- ✓ Paulo inicia sua carta dizendo que se anima da fé da comunidade de Éfeso, pois são cheios de fé e de amor (cf. Ef 1,15-16). Como comunidade que se reúne no dia do Senhor, o que cada um de nós pode fazer para sermos como a comunidade sobre a qual Paulo escreve?
- ✓ Tendo compreendido que somos partes do corpo de Cristo, como se pode valorizar mais o domingo, que é o dia do encontro com o Senhor?
- ✓ Como você e o grupo podem viver melhor o domingo?

5. REZANDO COM A PALAVRA

Comentar o texto que está no livro dos catequizandos: Cristo é a cabeça da Igreja, e nós, seus seguidores, discípulos missionários, somos os membros do seu corpo. Em nossas vidas, temos a "plenitude daquele que se plenifica em todas as coisas" (Ef 1,23). Somos sua Igreja, peregrina neste mundo, que anuncia a boa-nova da redenção: Cristo está vivo em cada um de nós, seu espírito vive e move em nós.
Solicitar que se questionem: o que o texto da carta de Efésios me leva a dizer a Deus?

Orientar a olharem para a imagem do corpo que está no ambiente: Cristo, cabeça, e nós todos juntos formando o corpo. Somos parte desse conjunto. Deixar que observem por algum tempo e depois perguntar: o que isto diz para nós? O que sentimos?

Convidar a cantarem olhando para a imagem: *Jesus Cristo, ontem, hoje e sempre!*

Motivar todos a fazerem e escreverem sua oração pessoal para agradecer a Deus por sermos membros dessa Igreja da qual Cristo é a cabeça.

6. VIVENDO A PALAVRA

Comentar que o primeiro mandamento da Igreja é participar da missa inteira nos domingos e outras festas de guarda. Vimos neste encontro que somos membros de uma mesma família que se une na oração.

Incentivar os catequizandos a conversarem, em casa, sobre a importância que damos ao domingo como dia do Senhor, dia da participação na comunidade, dia do encontro com os irmãos e irmãs.

Solicitar que, no próximo domingo, pedir que convidem a família para participar da missa ou da celebração da sua comunidade, desse encontro de tantas famílias que formam o mesmo corpo de Cristo.

30º ENCONTRO

DÍZIMO: UMA CONTRIBUIÇÃO DE AMOR

Sugerimos este encontro em junho ou julho – mês do dízimo.

Sentido do encontro

Há mais felicidade em dar do que em receber.
O dízimo é expressão, sobretudo, de um coração agradecido a Deus pelos dons recebidos e uma atitude de solidariedade para com a comunidade cristã. Ele mantém as atividades pastorais da Igreja e é o sustento da evangelização. Para que a esperança do Evangelho chegue à vida das pessoas, são necessários recursos, estruturas. Tudo isso requer investimento financeiro. Enfim, a contribuição, a partilha mediante o dízimo, gera em cada cristão uma graça em particular, a graça da gratidão a Deus por tudo que recebemos gratuitamente.

Objetivo

Reconhecer a importância do dízimo para tornar realidade a evangelização em nossos dias.

Ambientação

Bíblia, vela, um tecido da cor do tempo litúrgico, imagens de pessoas fazendo o bem e pessoas evangelizando.

Acolhida

Acolha com alegria seus catequizandos, desejando-lhes um ótimo encontro.

1. OLHANDO PARA A VIDA

Comentar que hoje vamos conhecer um pouco sobre o dízimo. A Palavra de Deus nos oferece muitas informações.

Convidar a olharem atentamente para a ambientação e perguntar: quem já participou com o dízimo? Sabem dizer por que ser dizimista? (reservar tempo para conversar).

2. ORAÇÃO INICIAL

Acende-se a vela...

Motivar a traçarem o sinal da cruz e rezarem juntos:

> *Senhor Jesus, faça de mim um verdadeiro cristão, abra meu coração à generosidade e que eu entenda que o dízimo é um dom para a comunidade que deseja crescer na fé e no amor. Amém.*

Encerrar o momento de oração cantando "*Sabes Senhor*" ou outro canto conhecido do grupo e adequado ao tema do encontro.

3. ESCUTANDO A PALAVRA

Convidar um catequizando para proclamar o texto bíblico 2Cor 9,6-10.

Orientar a relerem individualmente o texto bíblico.

Solicitar que pensem, anotem e compartilhem suas respostas às questões:

a) O que o texto diz para você? E para nosso grupo?

b) Quais personagens surgem durante a narrativa?

Compreendendo a Palavra

O dízimo é uma forma muito visível de expressar nossa atitude de partilha e de desenvolver em cada cristão a consciência de ser Igreja. São diversos sentimentos que temos na nossa relação com Deus: muitas vezes, não entendemos nem sabemos explicar, mas temos gratidão pela vida, pelo que somos e temos. Quando percebemos a necessidade de retribuir a generosidade do amor de Deus, o dízimo se coloca como uma resposta. Ao se tornar dizimista, o cristão se compromete e partilha do projeto de Deus para com o homem, dispõe de parte do que lhe foi confiado e entrega ao outro. Ele dá de si à comunidade, alimentando sua confiança, que é questão de fé e ato de amor. A experiência do dízimo fortalece e intensifica nossa vida em Cristo e contribui para a realização da obra de Deus. Falar em dízimo geralmente gera muitas polêmicas, dúvidas e incertezas. Ouve-se, constantemente, perguntas do tipo: por que pagar o dízimo? Qual a porcentagem certa a pagar? É pecado não o pagar? Para responder a essas perguntas, inicialmente, devemos afirmar que o dízimo não é uma necessidade de Deus. Deus não precisa do nosso dinheiro. A obra de salvação de Deus acontece independentemente da nossa contribuição.

A palavra dízimo tem sua origem no Antigo Testamento, na contribuição legal dos 10% dos bens que as Tribos de Israel davam ao Templo para o sustento dos sacerdotes, órfãos e viúvas. Já no Novo Testamento, a contribuição deixou de corresponder precisamente à porcentagem dos 10% e tornou-se cumprimento do mandamento do amor, posto em prática como partilha alegre e generosa. "Cada um dê conforme o impulso do seu coração, não dê de má vontade ou constrangido, pois Deus ama a quem dá com alegria" (2Cor 9,7).

Nesse sentido, não existe um valor "taxado" para contribuir com o dízimo. Pensar de outra forma é não ver as Sagradas Escrituras como um todo. A comunidade é uma grande família que se ajuda, que se sustenta. O dízimo também é solidariedade e fraternidade. A verdadeira comunidade cristã se ama e se ajuda. "Todos os fiéis viviam unidos e tinham tudo em comum. Vendiam as suas propriedades e os seus bens, e dividiam-nos por todos, segundo a necessidade de cada um" (At 2,44-45). Pelo dízimo, pessoas carentes são assistidas pela Igreja e conseguem ter uma vida mais digna e humanizada. Por essa atitude, o cristão aprende a ser corresponsável pela Igreja, pela evangelização, pela salvação das almas, e rompe com o egoísmo. Pelo dízimo, descobrimos a alegria: "Porque há maior alegria em dar do que em receber" (At 20,35). Pelo dízimo, o cristão faz uma experiência concreta do Evangelho e conforma o seu coração ao Sagrado Coração de Jesus que ama, partilha e é grato!

Para aprofundar e refletir

A Igreja nos motiva a contribuirmos com o dízimo, levados pela fé na vivência da comunhão, da participação e da corresponsabilidade na evangelização. Conforme o Documento 106 da CNBB "Dízimo na comunidade de fé", o dízimo é uma contribuição espontânea sistemática dos fiéis por meio da qual cada comunidade se compromete com sua sustentação e a da Igreja. É um compromisso de fé, por estar relacionado com a experiência de Deus. Exprime a pertença efetiva à Igreja, vivida em uma comunidade concreta. Manifesta a amizade que circula entre os membros da comunidade. Diferencia-se do cumprimento de uma lei, por vir de uma decisão pessoal. É compromisso moral.

A contribuição do dízimo é sistemática. Isso significa que ela é estável, assumida de modo permanente. É periódica, mensal. O dízimo não pode ser assumido unicamente como forma de captação de recursos para as outras pastorais. A decisão de contribuir com o dízimo nasce de um coração agradecido por ter encontrado o Deus da vida e experimentado a beleza de sua presença amorosa no dia a dia.

Encontramos seu fundamento na vida das primeiras comunidades cristãs (At 2,45), em que o que um possuía era posto a serviço dos outros, os bens pessoais se tornavam comunitários, não como uma imposição, mas como expressão natural do amor a Cristo e aos irmãos.

> Ler e meditar:
> ✓ Os textos bíblicos de: Rm 4,18-25 e 2Cor 1,19-20.
> ✓ O Documento 106 da CNBB – "Dízimo na comunidade de fé".

4. MEDITANDO A PALAVRA

Convidar a refletirem e conversarem com o grupo a partir das seguintes questões:
- ✓ Qual frase chamou mais sua atenção?
- ✓ O que o Senhor quer dizer para você por meio da Palavra?
- ✓ Para você, qual é a importância das palavras escritas na Bíblia sobre o dízimo?

5. REZANDO COM A PALAVRA

Motivar a expressarem gratidão a Deus pelas coisas boas que recebem diariamente.

Orientar que cada um escreva sua oração ao Senhor sobre o dízimo e depois partilhe com o grupo. Após cada oração, dizer juntos: *Senhor, ensina-nos a partilhar.*

Rezar com o grupo a oração do dizimista:

> *Pai bondoso, que tudo criastes por amor, nós vos damos graças pelas maravilhas da vida. Agradecemos pelos nossos pais e familiares, pela nossa Igreja e pela nossa comunidade de irmãos na fé. Pedimos que o Vosso Espírito Santo de amor nos ilumine e nos oriente na fé e na nossa vocação de batizados. Que desde cedo aprendamos a ser fiéis na vida de oração e na fraternidade, partilhando nossas vidas na comunidade e dando o nosso testemunho de dizimistas mirins com amor e fidelidade. Por Jesus Cristo, vosso Filho e Senhor nosso. Amém!*

Motivar que repitam três vezes: *Senhor, ensina-nos a partilhar.*

6. VIVENDO A PALAVRA

Orientar como compromisso a ser realizado durante a semana: observarem o que recebemos gratuitamente de Deus e das pessoas, anotar e trazer para o próximo encontro.

Propor: que tal nosso grupo começar a ser dizimista? Vamos montar um cofrinho e mensalmente cada um traz uma contribuição para partilharmos e fazermos parte da construção da nossa comunidade.

ANEXOS

1

CELEBRAÇÃO DE ELEIÇÃO

> ✓ Este é o rito de passagem para o terceiro tempo – Purificação e iluminação.
> ✓ Este rito ressalta a idoneidade do candidato e o parecer favorável da comunidade sobre sua formação e progresso na vida cristã. Com esse rito, os crismandos e crismandas passam à categoria de eleitos ou iluminados.
> ✓ É importante a presença dos pais/mães, padrinhos/madrinhas e/ou introdutores, catequistas e comunidade reunida.
> ✓ Antes da eleição, catequistas, introdutores e pároco devem avaliar e deliberar sobre a idoneidade de cada crismando (escrutínio).
> ✓ A inscrição do nome pode ser realizada anteriormente pelo próprio crismando escrevendo o seu nome no livro próprio para esse fim. Nesta celebração, poderá ser apresentado o livro com a relação dos nomes.
> ✓ A coordenação da catequese (ou catequista) apresenta a lista dos nomes a quem preside, dizendo: "São estes os nomes". Será realizado em dois momentos.
> ✓ A segunda parte ocorre na missa da comunidade, no primeiro domingo da Quaresma.

1. RITO DA INSCRIÇÃO DO NOME (PRIMEIRO MOMENTO)

Preparação

Pode ser realizado em um encontro com os catequizandos, seus pais, padrinhos ou introdutores em um ambiente devidamente preparado para este momento, conduzido pelo catequista.

Uma mesa com a vela, a Bíblia e o livro para a inscrição do nome.

Celebração

Refrão de acolhida.

Acende-se a vela...

Animador: Saúdo e acolho cada um de vocês aqui presentes, catequizandos e catequizandas, pais, familiares, padrinhos e introdutores. É com alegria que nos encontramos hoje, momento importante na caminhada da Iniciação à Vida Cristã. Celebraremos o rito da eleição, da inscrição do nome, que manifesta a disposição de cada um de prosseguir neste itinerário de fé, de conhecimento e de adesão à pessoa de Jesus.

Canto: à escolha.

Rezar juntos o Salmo 23(22):

Todos: *O Senhor é meu pastor, nada me pode faltar.*

1. *O Senhor é o pastor que me conduz, nada me falta;*
   nos prados da relva mais fresca que me faz descansar;
   para as águas tranquilas me conduz, reconforta minha alma.
2. *Ensina-me os caminhos mais seguros por amor de seu nome;*
   passarei os mais fundos abismos sem temer mal nenhum.
   Junto a mim teu bastão, teu cajado, eles são o meu conforto.
3. *Preparas uma mesa para mim bem à frente do inimigo;*
   teu óleo me ungiu a cabeça e minha taça transborda.
4. *Viverei a ventura da graça cada dia da vida;*
   minha casa é a casa do Senhor e para sempre o há de ser.
5. *Glória a Deus, que está presente em toda a Terra, que Jesus manifestou; ao Espírito, de Deus amor materno, toda graça e todo amor.*

Proclamação do Evangelho do dia ou o texto de 1Sm 3,1-10.

> Após a proclamação da Palavra, o catequista chama pelo nome cada crismando, que se levanta, ergue o braço e diz, em voz alta: *Eis-me aqui!*

Breve reflexão ou leitura orante a partir do texto bíblico.

Presidente: Queridos catequizandos, estamos vivendo um tempo favorável para fazermos nossas escolhas, nossas adesões. Início da Quaresma, o tempo favorável para optarmos pelo caminho que queremos seguir. Hoje vocês, catequizandos, estão aqui para fazerem a sua adesão para continuarem a seguir Jesus.

> Aproximem-se os que vão ser eleitos com seus padrinhos e madrinhas, também seus catequistas.

Catequizandos: "Senhor, aqui estou"! (cf. 1Sm 3,1-10).

Presidente: A santa Igreja de Deus quer certificar-se de que estes crismandos e crismandas estão realmente em condições de serem admitidos entre os eleitos/eleitas.

Peço, por isso, a vocês, padrinhos e madrinhas, que deem testemunho a respeito da conduta destes candidatos. Eles ouviram fielmente a Palavra de Deus anunciada pela Igreja?

Padrinhos: Sim, ouviram.

Presidente: Eles estão vivendo na presença de Deus e de acordo com os ensinamentos de Jesus Cristo?

Padrinhos: Sim, estão.

Presidente: Estão participando da vida e da oração da comunidade?

Padrinhos: Sim, participam.

Exame e petição dos crismandos e crismandas

Presidente: Agora me dirijo a vocês, queridos crismandos e crismandas. Seus padrinhos e madrinhas, introdutores, catequistas e a comunidade deram testemunho favorável a respeito de vocês. Confiando em seu parecer, a Igreja, em nome de Cristo, chama vocês para os sacramentos pascais. Vocês, tendo ouvido a voz de Cristo, devem agora responder-lhe perante a Igreja de Cristo, expressando a sua intenção. Crismandos e crismandas, vocês querem ser iniciados na vida cristã pelo Sacramento da Crisma?

Crismandos: Sim, quero.

Presidente: Vocês querem prosseguir fiéis à Santa Igreja, continuando o processos de Iniciação à Vida Cristã e participando da vida da comunidade?

Crismandos: Sim, quero.

Presidente: Diante dessa intenção, convido cada um, cada uma, para que deem, por favor, os seus nomes.

Os crismandos e crismandas, com seus padrinhos e madrinhas, aproximando-se do lugar onde se encontra o livro próprio para este rito, inscrevem os seus nomes, manifestando a aceitação da Igreja. Enquanto inscrevem o nome, entoa-se um canto apropriado.

> Terminada a inscrição do nome, o presidente convida à oração do Senhor: todos de mãos dadas rezam a oração do Senhor: Pai-nosso.

Presidente: Oremos: *ó Deus de ternura e de compaixão, és fonte de toda ação justa e de toda palavra boa. Vivendo este tempo de Quaresma e este caminho de adesão no seguimento de Jesus, ensina-nos a orar. Tu nos chamas à escuta da tua Palavra, à conversão do nosso coração. Faz penetrar no mais profundo de nossas vidas a luz que vem do alto, Jesus Cristo, teu Filho. Com Ele caminharemos, preparando a Santa Páscoa. Isso te pedimos, em nome de Jesus nosso Senhor. Amém!*

> Lembrar a todos que este rito terá sua continuidade e conclusão na celebração da comunidade: ver dia e horário.

Bênção: Que o Deus da paz nos faça capazes de cumprir sua vontade, fazendo tudo o que é bom e agradável ao Senhor. Agora e para sempre. Amém. Abençoe-vos o Deus rico em misericórdia e amor. Em nome do Pai e do Filho e do Espírito Santo. Amém!

> Se for oportuno, podem fazer um momento de partilha.

2. CELEBRAÇÃO DO RITO DA ELEIÇÃO (SEGUNDO MOMENTO)

Ocorre na missa do primeiro domingo da Quaresma, na Igreja, com a comunidade, pais, padrinhos e/ou introdutores.

Após a homilia

Catequista: Caríssimo padre, os crismandos e crismandas aqui presentes, confiantes na graça divina, ajudados pela oração e pelo exemplo de seus pais e de seus padrinhos, de seus introdutores e da comunidade, pedem humildemente que, depois de terem percorrido o itinerário de Iniciação à Vida Cristã proposto a eles, seja-lhes permitido participar do sacramento da iniciação cristã: a Crisma. Aqui temos o livro que contém o nome de cada um deles, expressando a disposição de continuarem seguindo o caminho.

Presidente: (toma o livro nas mãos e, erguendo-o, diz:) Declaro vocês eleitos para completarem o caminho da iniciação nos sagrados mistérios, recebendo os sacramentos da Crisma e da Eucaristia.

Crismandos: Graças a Deus.

Presidente: (convida a assembleia a acolher os eleitos com uma salva de palmas, depois prossegue) Deus é sempre fiel ao seu chamado e nunca lhes negará a sua ajuda. Vocês devem se esforçar para serem fiéis a Ele e realizar plenamente o significado desta eleição.

> Dirigindo-se aos padrinhos e madrinhas, exorta-os com estas palavras ou outras semelhantes:

Presidente: E vocês, padrinhos e madrinhas, introdutores, estes crismandos e crismandas de quem vocês deram testemunho foram confiados a vocês no Senhor. Acompanhem-nos com o auxílio e o exemplo fraterno até os sacramentos da vida divina.

> Convida os padrinhos e madrinhas a colocarem a mão no ombro dos crismandos e crismandas que recebem como afilhados/afilhadas. Ou outro gesto de igual significado).

Oração pelos eleitos

Na oração dos fiéis, a comunidade reza pelos eleitos.

Presidente: Queridos irmãos e irmãs, preparando-nos para celebrar os mistérios da Paixão e Ressurreição, iniciamos hoje os exercícios quaresmais. Os eleitos que conduzimos conosco aos sacramentos pascais esperam de nós um exemplo de conversão. Roguemos ao Senhor por eles e por nós, a fim de que nos animemos por nossa mútua renovação e sejamos dignos das graças pascais.

Leitor: Alegrem-se de ler a Palavra e meditá-la em seu coração.

Todos: Nós vos rogamos, Senhor!

Leitor: Reconheçam humildemente os seus defeitos e comecem a corrigi-los com firmeza.

Todos: Nós vos rogamos, Senhor!

Leitor: Transformem o trabalho cotidiano em oferenda que lhes seja agradável.

Todos: Nós vos rogamos, Senhor!

Leitor: Tenham sempre alguma coisa a oferecer em cada dia da Quaresma.

Todos: Nós vos rogamos, Senhor!

Leitor: Acostumem-se a amar e a cultivar a virtude e a santidade de vida.

Todos: Nós vos rogamos, Senhor!

Leitor: Renunciando a si mesmos, busquem mais o bem do próximo do que o seu próprio bem.

Todos: Nós vos rogamos, Senhor!

Leitor: Partilhem com os outros a alegria que lhes foi dada pela fé.

Todos: Nós vos rogamos, Senhor!

Leitor: Em vossa bondade, guardai e abençoai as suas famílias.

Todos: Nós vos rogamos, Senhor!

Presidente: Pai amado e todo-poderoso, vós quereis restaurar todas as coisas no Cristo e atraís toda a humanidade para ele. Guiai estes eleitos da vossa Igreja e concedei que, fiéis à sua vocação, possam integrar-se ao Reino de vosso Filho e ser assinalados com o dom do Espírito Santo. Por Cristo, nosso Senhor.

Todos: Amém.

Segue a Liturgia Eucarística.

Bênção final: Quem preside, com as mãos estendidas sobre os eleitos, dá uma bênção sobre os catequizandos.

2

CELEBRAÇÃO DA RECONCILIAÇÃO

> ✓ *A preparação para a primeira confissão é um momento importante na vida dos catequizandos. É fundamental que seja bem preparada. A celebração penitencial se apresenta à comunidade cristã como um sinal de renovação da Aliança com Deus. O centro da celebração, mais do que os pecados, são a graça e a misericórdia de Deus. Há várias maneiras de fazer a celebração da Reconciliação. Indicaremos, aqui, uma sugestão.*
> ✓ *Lembramos que a Reconciliação não precisa ser feita na véspera do Sacramento da Crisma. Deve-se escolher uma data para ser feita com tempo, sem pressa e na gratuidade (os catecúmenos não se confessam).*
> ✓ *Combinar com o padre antecipadamente a confissão. Conforme o número de catequizandos, ele poderá prever mais padres.*

Ambientação

Escolher uma sala com pouca luz onde os catequizandos possam ficar em círculo. No centro, colocar os símbolos: uma cruz, um recipiente com água, vela acesa, Bíblia. Pode-se colocar palavras como: misericórdia, perdão, reconciliação, ternura, amor, festa, alegria etc.

Acolhida

Acolher bem o grupo e introduzi-lo na sala, em clima de oração e silêncio.

Refrão de acolhida

Animador: Celebremos hoje a misericórdia de Deus, que sempre renova a nossa vida! Sua paz e sua graça estejam com todos vocês.

Sinal da cruz.

Animador 1: Queridos catequizandos e catequizandas, pelo Batismo, somos inseridos numa comunidade de fé, que é a Igreja. Dela participamos e somos convidados a viver a nossa fé, professada no Creio. Deus Pai quer que sejamos bons uns para com os outros, para que todos juntos vivamos felizes.

Animador 2: Porém nem sempre agimos de acordo com a vontade de Deus, e dizemos: "Eu faço o que quero. A vida é minha, sou livre"! Com essas atitudes, não obedecemos a Deus e, muitas vezes, não ouvimos a sua voz. Agindo dessa forma, estamos sendo envolvidos pelo pecado e nos afastando d'Ele. Será que é isso que Deus quer de nós?

Animador 1: Como falhamos muitas vezes, todos os dias, nossa fé nos diz que precisamos pedir perdão a Deus. E Jesus nos deu a chance de receber o perdão do próprio Deus. No dia da sua Ressurreição, Ele disse aos Apóstolos: "A quem vocês perdoarem os pecados, eles serão perdoados e a quem não perdoarem, não serão perdoados" (Jo 20,22-23).

Animador 2: Nasceu assim o Sacramento da Reconciliação, também chamado de Confissão, Penitência e Perdão. O sacerdote que administra esse sacramento representa Cristo e exerce a missão de perdoar os pecados em nome de Cristo. Juntos hoje, aqui, vamos celebrar o sacramento do perdão, da misericórdia de Deus. Temos certeza do grande amor de Deus por cada um de nós.

Oração: *Deus e Pai nosso, que nos escolhestes para sermos vossos filhos e filhas, santos em vossa presença e felizes em vossa casa. Aceitai o nosso pedido de perdão. Reconciliai-nos convosco neste dia em que nos preparamos para receber o Sacramento da Crisma. Fazei com que vivamos cheios de caridade e de alegria. Dai-nos o vosso amor a cada dia da nossa vida como vossos discípulos e discípulas amados. Por Cristo, nosso Senhor. Amém!*

> Escolher um canto adequado.

1. LITURGIA DA PALAVRA

Proclamar bem e com voz clara o Evangelho segundo são Lucas 15,1-10.

Solicitar que cada um reconte o texto.

Pedir que cada um reflita sobre:

- ✓ O que esse texto diz para você? Qual é a lição para a sua vida?
- ✓ Cada um olha para sua vida. O que você deve mudar?
- ✓ Quando somos a ovelha perdida? Como é o amor de Deus para conosco?
- ✓ O que a Palavra de Deus te pede? O que sente vontade de dizer a Deus?

Motivar que, em silêncio, cada um olhe para seu dia a dia e faça sua revisão de vida. Propor que pensem nas situações em que somos a ovelha que se afasta do rebanho: o que me leva a ficar longe de Deus? Quais são as ações, os gestos, os pensamentos que nos afastam de Deus, das pessoas e de nós mesmos?

Exame de consciência

Quem conduz a celebração poderá ajudar, se considerar conveniente, no exame de consciência tranquilamente e com voz compassada, reservando tempo para pensarem, enumerando:

- ✓ Motivos de falhas, omissões com relação a Deus, à Igreja-Comunidade, ao Evangelho.
- ✓ Com relação a corpo, saúde, relacionamento, atitudes, comportamentos com os colegas, família, escola, meio ambiente, o mal que é feito junto à comunidade e à sociedade em geral.

Convidar a observarem os símbolos que estão presentes no ambiente da sala e sentirem o que cada um deles fala ao coração. Cada um, em silêncio, olha, reflete, reza a partir do que os símbolos despertam. Se alguém quiser ter um gesto, uma atitude com relação a algum dos símbolos, poderá fazê-lo.

Rezar ou cantar algum salmo que ajude a interiorizar a Palavra.

Sugestão: Salmo 51 ou 23; ou o Ato de Contrição:

Confesso a Deus todo-poderoso e a vós, irmãos e irmãs, que pequei muitas vezes por pensamentos e palavras, atos e omissões: por minha culpa, minha tão grande culpa. E peço à Virgem Maria, aos anjos e santos, e a vós, irmãos e irmãs, que rogueis por mim a Deus, nosso Senhor.

2. RITO SACRAMENTAL

Orientar que cada um faça a confissão individual aos poucos; os demais continuam rezando no local do encontro.

Enquanto acontece a confissão, podem ser intercalados: músicas meditativas, pedidos de perdão, silêncio orante, algum texto bíblico pequeno. Quem já se confessou agradece o perdão recebido etc.

Explicar que ao voltarem da confissão, como gesto de vida nova e de renovação da Aliança, os crismandos e crismandas podem fazer um gesto com a água (tocar, fazer o sinal da cruz) e rezar em silêncio, cumprindo a penitência estabelecida pelo padre.

> O catequista poderá acolher cada catequizando que voltar da confissão com um abraço. Pode entregar uma mensagem como lembrança da primeira confissão sacramental.

3. AÇÃO DE GRAÇAS

Comentar que, agradecidos a Deus pelo seu amor, pela sua misericórdia para conosco, demos graças a Deus.

Pode-se cantar um salmo de ação de graças e fazer a oração do Pai-nosso.

Oração do Pai-nosso

Abraço da paz

Catequista: Renovados pela misericórdia de Deus, sejamos um para o outro sinal do amor que vem de Deus, da paz e da reconciliação que nos torna amigos e irmãos (todos podem se abraçar, desejando a paz).

Observação:
- Se for oportuno, no fim desta celebração, poderá ser realizado um momento de festa, partilha, confraternização.
- Esta celebração poderá ser realizada também com os pais, os catequistas e as crianças, e também sem o rito sacramental (com ausência do padre para confessar).
- Celebrar como um momento forte de reconciliação e da misericórdia de Deus.

3

CELEBRAÇÕES DE PURIFICAÇÃO

3.1 PRIMEIRO ESCRUTÍNIO: A ÁGUA E O ESPÍRITO

> - *Realizar o primeiro escrutínio no terceiro domingo da Quaresma.*
> - *Reservar os bancos da igreja conforme o número de catequizandos.*
> - *O Evangelho da celebração será o do ano A – 3º domingo da Quaresma, a samaritana – Jo 4,5-42.*
> - *Preparar um pequeno recipiente com água para ser entregue ao fim da celebração a cada catequizando.*
> - *Esta celebração se destina aos que estão se preparando para o Sacramento da Crisma: crianças, adolescentes e também adultos no caminho de Iniciação à Vida Cristã.*

Animador: Querida comunidade, aqui reunida para celebrar o dia do Senhor, a Páscoa do Senhor. Hoje estamos felizes por acolher em nosso meio os catequizandos e catequizandas no caminho da fé, da iniciação cristã. Eles receberão uma bênção especial para renunciarem ao mal, às tentações que os distanciam da fé. Essa bênção os fortalecerá para que sejam fiéis e perseverantes no seguimento de Jesus e na fé cristã.

Canto inicial da celebração
Ritos iniciais
Liturgia da Palavra
Homilia

Na homilia, o padre pode, a partir da Palavra de Deus, especialmente do Evangelho, destacar o sentido da busca de conversão, da renúncia ao pecado e da importância em perseverar no bem.

> Após a homilia: Creio.

Presidente: Convido os catequizandos a se ajoelharem, os pais ou acompanhantes a colocarem a mão sobre o ombro dos filhos/afilhados, e toda a comunidade a rezar em silêncio (RICA n. 163).

> Momento de silêncio.

Presidente: Oremos por estes eleitos que a Igreja, cheia de confiança, escolheu depois de um longo caminho, para que, ao completarem a preparação, encontrem a Cristo nos seus sacramentos nas próximas festas pascais.

Preces pelos eleitos

Leitor: Para que estes eleitos meditem sobre a Palavra divina e a saboreiem sempre em seus corações, cada vez mais, oremos ao Senhor.

Todos: Ouvi-nos, Senhor.

Leitor: Para que, a exemplo da samaritana, reconheçam em Cristo Aquele que veio salvar os que estavam perdidos, oremos ao Senhor.

Todos: Ouvi-nos, Senhor.

Leitor: Para que sejam afastados do caminho da descrença que nos distancia de Cristo e que, humildemente, se confessem pecadores, oremos ao Senhor.

Todos: Ouvi-nos, Senhor.

Leitor: Para que sinceramente rejeitem tudo o que, na sua vida, desagradou a Cristo e a Ele se opõe, oremos ao Senhor.

Todos: Ouvi-nos, Senhor.

Leitor: Para que, à espera do dom de Deus, cresça neles o desejo da água viva que jorra para a vida eterna, oremos ao Senhor.

Todos: Ouvi-nos, Senhor.

Leitor: Para que aprendam do mesmo Espírito Santo a conhecer o que é de Deus e do seu agrado, oremos ao Senhor.

Todos: Ouvi-nos, Senhor.

Leitor: Para que as famílias destes eleitos ponham a sua esperança em Cristo e n'Ele encontrem a paz e a santidade, oremos ao Senhor.

Todos: Ouvi-nos, Senhor.

Leitor: Para que também nós, que preparamos as festas pascais, purifiquemos a nossa mente, elevemos o nosso coração e pratiquemos as obras de caridade, oremos ao Senhor.

Todos: Ouvi-nos, Senhor.

Leitor: Para que, no mundo inteiro, os fracos encontrem força, ganhem ânimo os abatidos, os que andam perdidos sejam encontrados e os que forem encontrados sejam reunidos, oremos ao Senhor.

Todos: Ouvi-nos, Senhor.

Exorcismo (depois das preces, o celebrante, voltado para os eleitos, diz com as mãos juntas):

Presidente: Oremos: Senhor nosso Deus, que nos enviastes o vosso Filho como Salvador, olhai para estes catecúmenos que, como a samaritana, desejam a água viva. Convertei-os pela vossa Palavra e levai-os a confessarem-se prisioneiros dos seus próprios pecados e fraquezas. Não permitais que eles, levados por falsa confiança em si próprios, deixem-se enganar pela astúcia do demônio, mas livrai-os do espírito da mentira, para que, reconhecendo os seus pecados, sejam purificados no seu espírito e entrem pelo caminho da salvação. Por nosso Senhor Jesus Cristo, vosso Filho, que é Deus convosco na unidade do Espírito Santo.

Todos: Amém.

> Em seguida, o celebrante, impõe a mão, em silêncio, sobre cada um dos eleitos. Se for um grupo grande, poderá estender as mãos sobre o grupo todo. E continua:

Presidente: Senhor Jesus, Vós sois a fonte de que estes eleitos têm sede e o Mestre que eles procuram. Só Vós sois verdadeiramente santo e na vossa presença eles não ousam proclamar-se inocentes, antes abrem confiadamente o seu coração, para mostrarem as suas manchas e descobrirem as feridas ocultas. Por vosso amor, libertai-os das suas enfermidades, dai-lhes saúde porque estão doentes, dessedentai-os porque têm sede e dai-lhes a vossa paz. Pelo poder do vosso nome, que nós invocamos com fé, vinde, Senhor, e dai-lhes a salvação. Exercei o vosso poder sobre o espírito do mal que vencestes com a vossa Ressurreição. No Espírito Santo, mostrai o caminho aos vossos eleitos, para caminharem para o Pai e poderem adorá-lo em verdade. Vós que sois Deus com o Pai na unidade do Espírito Santo.

Todos: Amém.

Segue a Liturgia Eucarística.

Antes da bênção final:

Animador: Nossos catequizandos que hoje celebraram a primeira bênção em preparação ao sacramento receberão um pequeno frasco de água benta. Essa água nos leva a invocar, nas diversas circunstâncias do dia, o socorro, a proteção do Espírito Santo, para o bem da nossa vida. Que por este sinal o Senhor afaste de nós todo mal, todo o perigo.

> Os catequizandos formam uma fila para receber o frasco com a água, enquanto isso pode-se cantar: Eu te peço desta água que tu tens...".

Ao final, o presidente se despede dos eleitos, dizendo:

Presidente: Eleitos, voltareis a reunir-vos para o próximo escrutínio. O Senhor esteja sempre convosco. Ide em paz e o Senhor vos acompanhe.

Eleitos: Graças a Deus.

3.2 SEGUNDO ESCRUTÍNIO: CRISTO LUZ DA FÉ

> ✓ O segundo escrutínio é celebrado no quarto domingo da Quaresma.
> ✓ Reservar os bancos necessários conforme o número de catequizandos.
> ✓ Neste dia, lembrando o cego que quer enxergar, portanto, poderá ser entregue uma vela para cada catequizando (preparar velas suficientes).
> ✓ Para esta celebração é utilizado o Evangelho do Ano A – a cura do cego de nascença: Jo 9,1-41.

Animador: Irmãs e irmãos, louvado seja Deus pelo nosso encontro neste dia do Senhor. Hoje, nossos catequizandos – no caminho da vida cristã – receberão a segunda bênção de modo especial, para serem capazes de renunciar ao mal e procurar sempre o bem, a fim de serem fiéis e perseverantes na fé católica.

Canto: próprio do tempo quaresmal
Ritos iniciais
Liturgia da Palavra
Homilia

Na homilia, à luz da Palavra de Deus, o padre destaca o sentido e a importância da conversão, da renúncia ao pecado e da perseverança no bem, tendo em vista a caminhada quaresmal dos eleitos.
Após a homilia, os eleitos são chamados a se aproximarem do altar ou permanecerem em pé, com os pais e/ou acompanhados dos padrinhos e das madrinhas, diante do celebrante.

Presidente: Convido vocês, catequizandos, a se ajoelharem. Pais e padrinhos, coloquem a mão no ombro dos catequizandos. Toda a assembleia reza em silêncio, implorando o espírito de penitência, a consciência do pecado e a verdadeira liberdade dos filhos de Deus.

> Momento de silêncio.

Presidente: Rezemos por estes eleitos chamados por Deus para que, permanecendo n'Ele, por uma vida santa, deem testemunho do Evangelho de Jesus Cristo.

> Os eleitos se inclinam ou se ajoelham. E todos oram, durante algum tempo, em silêncio.

Preces pelos eleitos

> Seguem-se as preces pelos eleitos. Enquanto isso, os padrinhos e as madrinhas põem a mão direita sobre o ombro dos afilhados.

Presidente: Oremos por estes eleitos a quem Deus chamou, para que sejam santos na presença do Senhor e deem testemunho da Palavra de Deus, fonte de vida eterna. Após cada prece, pedimos: *Atendei, Senhor, nossa oração.*

Leitor: Para que estes eleitos ponham a sua confiança na verdade de Cristo, alcancem e conservem sempre a liberdade de espírito e de coração.

Todos: Atendei, Senhor, nossa oração.

Leitor: Para que a força do Espírito Santo os liberte e os faça passar do temor à confiança, oremos ao Senhor.

Todos: Atendei, Senhor, nossa oração.

Leitor: Para que se tornem homens e mulheres espirituais que em tudo procuram o que é justo e santo, oremos ao Senhor.

Todos: Atendei, Senhor, nossa oração.

Leitor: Para que todos os que são perseguidos por causa do nome de Cristo sintam a sua ajuda e proteção, oremos ao Senhor.

Todos: Atendei, Senhor, nossa oração.

Leitor: Para que às famílias e aos povos que são impedidos de abraçar a fé seja dada a liberdade de acreditarem no Evangelho, oremos ao Senhor.

Todos: Atendei, Senhor, nossa oração.

Leitor: Para que todos nós, presentes no meio do mundo, permaneçamos fiéis ao espírito do Evangelho, oremos ao Senhor.

Todos: Atendei, Senhor, nossa oração.

Leitor: Para que todos os homens e mulheres descubram que o Pai os ama e cheguem à plena liberdade de espírito na Igreja, oremos ao Senhor.

Todos: Atendei, Senhor, nossa oração.

Exorcismo

> Depois das preces, o celebrante, voltado para os eleitos, diz com as mãos juntas:

Presidente: Oremos: Pai de infinita misericórdia que destes ao cego de nascença a fé em vosso Filho, para que entrasse no Reino da vossa luz, fazei com que os vossos eleitos aqui presentes sejam libertados das ilusões que os envolvem e os cegam e concedei-lhes a graça de se enraizarem firmemente na verdade para se tornarem filhos da luz e assim permanecerem para sempre. Por nosso Senhor Jesus Cristo, vosso Filho, que é Deus convosco na unidade do Espírito Santo.

Todos: Amém.

> O celebrante impõe a mão, em silêncio, sobre cada um dos eleitos. Se for um grupo grande, poderá estender as mãos sobre o todo e fazer a oração.

Presidente: Senhor Jesus, luz verdadeira que iluminais todos os homens pelo vosso Espírito de verdade, libertai todos aqueles que estão dominados pelo demônio, pai da mentira. Nestes eleitos, que escolhestes para os vossos sacramentos, despertai o amor ao bem, para que, inundados pela vossa luz, tornem-se como o cego a quem outrora restituístes a vista, firmes e corajosas testemunhas da fé. Vós que sois Deus com o Pai, na unidade do Espírito Santo.
Todos: Amém.

Segue a Liturgia Eucarística.

> Antes da bênção final

Animador: Nossos catequizandos hoje receberão uma pequena vela, para que tenham sempre presente que Cristo é a grande luz que ilumina suas vidas e que eles precisam viver a partir da luz e dar testemunho da luz.

> Os catequizandos formam uma fila para receber a vela acesa que será entregue pelos catequistas ou pais.

Canto: "Esta luz vai me guiar, nos caminhos da escuridão, minha fé vai aumentar, minha vida mudar".

> Ao final, o presidente se despede dos eleitos.

Presidente: Eleitos, voltareis a reunir-vos para o próximo escrutínio. O Senhor esteja sempre convosco. Ide em paz e o Senhor vos acompanhe.
Eleitos: Graças a Deus.

3.3 TERCEIRO ESCRUTÍNIO: MORTE E VIDA

> ✓ *O terceiro escrutínio é celebrado no quinto domingo da Quaresma.*
> ✓ *Reservar os bancos da igreja conforme o número de catequizandos.*
> ✓ *Preparar, para este dia, um saquinho com sal para ser entregue a cada catequizando.*
> ✓ *Utiliza-se nesta celebração o Evangelho do Ano A – Ressurreição de Lázaro: Jo 11,1-45.*

Motivação inicial

Animador: Irmãs e irmãos, na alegria de sermos o povo de Deus a caminho, nos reunimos neste domingo que nos aproxima da grande celebração do mistério da Páscoa de Jesus. Hoje nossos catequizandos receberão a bênção especial para renunciarem a todo tipo de mal e de tentações. Rezemos para que sejam perseverantes na fé.

Canto

Ritos iniciais

Liturgia da Palavra

Homilia

Evangelho do Ano A – Ressurreição de Lázaro: Jo 11,1-45.

Na homilia, fazer referência à Palavra que nos convida à conversão, ao caminho espiritual dos eleitos e à renúncia do mal e do pecado.

Depois da homilia, os eleitos são chamados a ficarem em pé ou a se aproximarem do altar.

Presidente: Convido vocês, catequizandos, a se ajoelharem. Os pais e/ou padrinhos colocam a mãos sobre seus filhos/afilhados. Todos nós – assembleia reunida – rezemos em silêncio por estes eleitos, implorando o espírito de penitência, a consciência do pecado e a verdadeira liberdade dos filhos de Deus (silêncio).

Presidente: Oremos por estes escolhidos de Deus para que, ao participarem da Morte e Ressurreição de Cristo, tornem-se semelhantes a Cristo e possam superar, pela graça dos sacramentos, o pecado e a morte.

Preces pelos eleitos

Leitor: **Para que estes eleitos recebam o dom da fé e, por ela, proclamem que Cristo é a ressurreição e a vida. Rezemos ao Senhor.**
Todos: Ouvi-nos, Senhor.

Leitor: Para que se mostrem agradecidos a Deus, que os escolheu, deu-lhes a conhecer a esperança da vida eterna e os introduziu no caminho da salvação, rezemos ao Senhor.

Todos: Ouvi-nos, Senhor.

Leitor: Para que, pelo exemplo e pela intercessão daqueles catecúmenos que derramaram o seu sangue por Cristo, sintam a esperança da vida eterna cada vez mais firme em si próprios. Rezemos ao Senhor.

Todos: Ouvi-nos, Senhor.

Leitor: Para que todos detestem o pecado que destrói a vida, deem frutos de santidade para a vida eterna. Rezemos ao Senhor.

Todos: Ouvi-nos, Senhor.

Leitor: Para que os que se sentem tristes pela morte dos seus, encontrem em Cristo a sua consolação. Rezemos ao Senhor.

Todos: Ouvi-nos, Senhor.

Leitor: Para que nós próprios, como Igreja, ao vermos chegar as solenidades pascais, tenhamos a firme esperança de ressuscitar com Cristo. Rezemos ao Senhor.

Todos: Ouvi-nos, Senhor.

Leitor: Para que o mundo inteiro, que Deus criou por amor, renove-se continuamente na fé e na caridade. Rezemos ao Senhor.

Todos: Ouvi-nos, Senhor.

Exorcismo

> Depois das preces, o celebrante, voltado para os eleitos, diz com as mãos juntas:

Presidente: Oremos: Senhor, Pai santo, fonte da vida eterna, Deus dos vivos e não dos mortos, que enviastes o vosso Filho a anunciar a vida aos homens para os libertar do reino da morte e os conduzir à ressurreição, livrai estes vossos eleitos do poder da morte que vem do espírito maligno, para que recebam a vida nova de Cristo ressuscitado e dela possam dar testemunho. Por nosso Senhor Jesus Cristo, vosso Filho, que é Deus convosco na unidade do Espírito Santo.

Todos: Amém.

> O celebrante impõe a mão, em silêncio, sobre cada um dos eleitos. Se for um grupo grande, poderá estender as mãos sobre o grupo todo e faz a oração.

Presidente: Senhor Jesus Cristo, que, ao ressuscitar Lázaro de entre os mortos, nos destes um sinal de que tínheis vindo para que os homens tivessem a vida e a tivessem em abundância, livrai da morte os que buscam a vida nos vossos sacramentos, libertai-os do espírito do mal, e, pelo vosso Espírito que dá a vida, comunicai-lhes a fé, a esperança e a caridade, para que vivam eternamente convosco e participem da glória da vossa Ressurreição. Vós que sois Deus com o Pai na unidade do Espírito Santo.

Todos: Amém.

Segue a Liturgia Eucarística.

> Antes da bênção Final

Animador: Estes eleitos, nossos catequizandos, receberão uma pequena porção de sal, sinal da presença constante do Senhor, que expulsa o mal e conduz cada um no caminho do bem e da vida plena.

> Os catequizandos formam uma fila para receber o sal das mãos dos catequistas, enquanto se canta.

Canto: à escolha.

Despedida dos eleitos

Presidente: Eleitos, voltareis a reunir-vos para o próximo escrutínio. O Senhor esteja sempre convosco. Ide em paz e o Senhor vos acompanhe.

Eleitos: Graças a Deus.

4

RITO DO ÉFETA

> ✓ Esta celebração, muito rica, é prevista para o sábado anterior à celebração dos sacramentos da iniciação cristã.
> ✓ O rito do Éfeta, para os catecúmenos, crianças ou adultos não batizados, é previsto para o Sábado Santo, pela manhã. Para os catequizandos já batizados, o rito poderá ser realizado no sábado antes da celebração da Crisma.
> ✓ Pode ser realizada pelo padre, pelo diácono, por um ministro preparado ou pela coordenação da catequese.
> ✓ Conta com a presença dos catequizandos/catecúmenos, pais e padrinhos.

Refrão meditativo

"Levantou os olhos ao céu, suspirou e disse: Efatá, isto é, abre-te" (Mc 7,34). A palavra "efatá" quer dizer "abre-te" e é mencionada na Bíblia, durante uma das curas realizadas por Jesus.

Canto inicial: *Abre, Senhor, os meus lábios* (Frei Luiz Carlos Susin).

Presidente: *faz o sinal da cruz e a saudação.*

> Convidar para um momento de silêncio, a um olhar para nossa vida e reconhecer o amor de Deus por nós, sua ternura e misericórdia.

Presidente: Oremos: Pai amado e todo-poderoso, vós quereis restaurar todas as coisas em Cristo e atraís toda a humanidade para ele. Guia estes catecúmenos e os que vão completar a iniciação e concedei que, fiéis à sua vocação, possam integrar-se e participar plenamente no Reino do vosso Filho e ser assinalados como o Espírito Santo, o vosso dom. Por Cristo, nosso Senhor.

Todos: Amém.

Leitor: A caminhada de fé destes crismandos e crismandas continua até a vida eterna. Deus os chama para a missão de ouvir e professar a sua Palavra, anunciando-a na sociedade de hoje. Neste momento, vamos pedir a graça do Senhor para que os ouvidos e os lábios de nossos crismandos e crismandas possam sempre se abrir para ouvir e professar a Palavra de Deus. Cantemos, aclamando o Evangelho.

Canto de Aclamação ao Evangelho.
Proclamação do Evangelho segundo São Marcos 7,31-37 (cf. RICA n. 201).

Homilia

> O presidente faz uma breve reflexão sobre o texto bíblico lido e explica o rito do Éfeta. Em seguida, os candidatos são convidados a se aproximarem.

> Quem preside toca com o polegar os ouvidos e os lábios de cada eleito e diz as seguintes palavras para todos:

Presidente: N. ... (nome do eleito), Éfeta, isto é, abre-te, a fim de proclamares o que ouviste, para o louvor e a glória de Deus.
Eleito: Amém!

> Se os eleitos forem muitos, poderá dizer a frase para todos e, depois, a cada um dirá somente: "Éfeta, isto é, abre-te!" (RICA n. 202).

Interiorização do rito celebrado

Presidente: Convido os eleitos e a comunidade para um momento de silêncio, pedindo a Deus o dom necessário para viver o que foi celebrado.

Presidente: Oremos: Senhor, pelo poder da tua Palavra, estes eleitos foram tocados para que acolham este tempo de graça. Que eles não permaneçam inquietos, obedecendo ao espírito da incredulidade, mas o contrário, que eles se submetam ao Espírito de fé e de graça.
Todos: Amém.

> A comunidade presente se manifesta com uma grande salva de palmas.
> Podem ser feitas preces espontâneas ou preparar algumas preces.

Oração do Senhor: Pai Nosso...
Bênção final

5

SUGESTÕES DE RETIRO COM OS CRISMANDOS

Motivação

Apresentamos algumas propostas de retiro com os crismandos. São momentos fortes que podem acontecer ao longo do processo, sem necessidade de esperar a véspera da celebração do sacramento. Dessa forma, poderá acontecer mais vezes, com menos tempo, em momentos importantes que marcam a caminhada.

Objetivo

Reconhecer a importância de fazer a experiência de encontro pessoal com Jesus, por meio da Palavra, do silêncio, da oração e da convivência fraterna.

Preparação do retiro

Para cada momento ou cada retiro:

- ✓ Ter cuidado com a preparação do ambiente, com os símbolos necessários (já indicados), as pessoas responsáveis para os diferentes serviços, música, alimentação, coordenação, orientação do retiro...
- ✓ Pensar e preparar junto às pessoas que serão envolvidas, para evitar falhas, esquecimentos.
- ✓ É importante, o quanto possível, envolver também os pais, padrinhos e introdutores.
- ✓ Pensar uma boa motivação, convites para que participem com alegria, e não por obrigação.
- ✓ Escolher bem o local, de preferência um lugar calmo, sem muito movimento de pessoas e sem barulho, para facilitar a oração, o silêncio e a concentração.
- ✓ Preparar tiras de papel que cada um receberá para escrever o que for solicitado ao longo do retiro.
- ✓ Prever e organizar bem a celebração da luz no fim do retiro (quem vai presidir, quem faz o animador e outros ministérios).

5.1 PRIMEIRO RETIRO: LOUVOR A DEUS PELO CAMINHO DE INICIAÇÃO À VIDA CRISTÃ

Chegada: Acolhida e animação!

Refrão: *Onde reina o amor, fraterno amor* (Letra e melodia: Jacques Berthier – Taizé).

> *Abertura*
>
> Escolher um canto próprio para abertura da celebração.

1. OLHANDO PARA A VIDA

Motivar os catequizandos destacando a importância de estarem todos reunidos para um dia de oração, de encontro, de meditação.

Convidar cada um a dizer como está sendo a experiência do caminho de Iniciação à Vida Cristã.

- ✓ Quais são as coisas bonitas e positivas que cada um gostaria de destacar e que estão acontecendo em sua vida: as alegrias, as dificuldades deste tempo?
- ✓ Como está nossa vida, nosso coração?

> Reservar um tempo de silêncio e depois convidar a falarem, expressando aquilo que desejam partilhar.

Canto: *Senhor, meu Deus, quando eu maravilhado* (Carl Gustaf Boberg).

2. LEITURA DO TEXTO BÍBLICO: JO 1,35-42

- ✓ Reler o texto e depois retomá-lo contando o fato com suas palavras.
- ✓ O que acontece com os personagens desse texto?
- ✓ Onde estão? O que fazem? Quais as perguntas?

Breve reflexão sobre o tema

O texto que acabamos de ouvir nos mostra que o Senhor despertava as aspirações profundas de seus discípulos e os atraía a si, ficando maravilhados com o que dizia e com o que fazia. Foram, viram, permaneceram com Ele. O seguimento é fruto de uma fascinação que responde ao desejo de realização humana, ao desejo de vida plena. O discípulo é alguém apaixonado por Cristo, pela sua prática, reconhece-o como o mestre que o conduz e o acompanha. A Iniciação à Vida Cristã é o grande convite que a Igreja faz hoje a nós, cristãos, a cada um de nós que ouvimos falar de Jesus. É o caminho que leva, que conduz as pessoas a um contato vivo e pessoal com Jesus Cristo e nos faz mergulhar nas riquezas do Evangelho. É o empenho de iniciar para uma vida de comunidade cristã onde encontram uma de suas grandes expressões – os sacramentos de iniciação: o Batismo, a Crisma e a Eucaristia.

Hoje somos convocados, como Igreja, a retomar o caminho vivido intensamente pelos cristãos, nos primeiros séculos da era cristã: conhecer Jesus, aprofundar a fé em Jesus, assumir o seguimento de Jesus, sua vida, sua prática. O caminho da iniciação cristã se entende como um processo pelo qual alguém é incorporado ao mistério de Jesus realizado e celebrado sacramentalmente, de modo experiencial e existencial. Não termina com o sacramento, mas continua pela vida. É o estado permanente de missão, implica uma efetiva Iniciação à Vida Cristã. Cada tempo e cada lugar têm um modo próprio de apresentar Jesus Cristo e suscitar nos corações o seguimento apaixonado à sua pessoa, que a todos convida para com Ele vincular-se intimamente. "A admiração pela pessoa de Jesus, seu chamado e seu olhar de amor despertam uma resposta consciente e livre desde o mais íntimo do coração do discípulo" (DAp, n. 136). A realidade de hoje exige que o anúncio de Jesus Cristo não seja mais pressuposto, mas explicitado continuamente.

3. MOMENTO DE MEDITAÇÃO PESSOAL

Cada um, sozinho – com o texto bíblico e com a reflexão realizada – permanece um tempo em silêncio, meditando, confrontando sua vida, seu caminho.

- ✓ O que a Palavra de Deus e essa reflexão dizem para você? E para este grupo, depois desse tempo que estamos juntos?
- ✓ Como você está? Como se sente neste caminho?
- ✓ Está disposto(a) a seguir Jesus, a viver o que ele te propõe? (cada um pode escolher um símbolo que expresse o seu caminho).

No retorno, dedicar tempo para ouvir, deixar partilhar, apresentar o símbolo. Pode ser no grande grupo ou em pequenos grupos, onde poderão também fazer alguma encenação com o conteúdo rezado.

Rezar ou cantar o Salmo 146 (Reginaldo Veloso).

4. PRECES

Motivar preces espontâneas dizendo: elevamos nossa oração, nossa prece ao Senhor cheios de ternura e amor, agradecendo a Deus pelo serviço, doação de tantas pessoas que possibilitaram este encontro. A cada prece cantemos: Nós vos damos graças nosso Deus.

Convidar a rezar o Pai-nosso.

Oração: *Ó Deus, desde o amanhecer, clareias nossos corações com a tua luz, dá-nos a força de preparar diante de Jesus, teu Filho, os caminhos da justiça e da paz. Acompanhai nosso encontro fraterno para que possamos vivê-lo na alegria e no amor. Nós vos pedimos por Cristo, nosso Senhor. Amém!*

Bênção: *O Deus da nossa salvação nos abençoe, faça brilhar sobre nós a sua paz, agora e sempre. Amém!*
Louvado seja nosso Senhor Jesus Cristo. Para sempre seja louvado!

5.1 CELEBRAÇÃO DA LUZ E DOS DONS DO ESPÍRITO

Ambientação

No local da celebração, deverá haver um espaço preparado para colocar o Círio Pascal (se for Tempo Pascal; se não for, pode ser uma vela grande), a Palavra de Deus e sete velas. Providenciar também uma vela para cada participante.
Criar um clima de silêncio e de oração com pouca luz artificial.

Mantra: *Ó luz do Senhor, que vem sobre a Terra* (Frei Luiz Turra).

> Durante o mantra, entra o Círio Pascal (ou a vela), que será colocado no local preparado.

Animador: "A luz de Cristo ressuscitado, brilhe hoje em nossa noite, acabando com toda a escuridão". Queridos crismandos, este é o momento que nos prepara para a celebração do Sacramento da Crisma, no qual recebemos o Espírito Santo, o dom de Deus. Invoquemos nesta oração o Espírito Santo, com seus sete dons.

> Para cada dom do Espírito que for invocado, entra uma pessoa com uma vela acesa e vai acendendo as velas de cada participante.

Leitor: Invocamos o dom da Sabedoria (*entra a primeira vela acesa*).

Canto: *Senhor, vem dar-nos Sabedoria / que faz ter tudo como Deus quis. / E assim faremos da Eucaristia/ o grande meio de ser feliz. Dá-nos, Senhor, esses dons, essa luz, e nós veremos que Pão é Jesus!*

Animador: O Espírito Santo nos traz como dom a sabedoria. Senhor, iluminai os nossos sentidos com a luz do vosso Espírito, para que possamos ser sempre fiéis a vós! Amém.

Leitor: Invocamos o dom do entendimento (*entra a segunda vela*).

Canto: estrofe sobre o dom do entendimento.

Animador: O entendimento é o dom do Espírito que mostra às nossas mentes a vontade de Deus. Senhor, inspirai os pensamentos e os propósitos do vosso povo em oração, para que veja o que deve fazer e tenha a força necessária para realizá-lo. Amém.

Leitor: Invocamos o dom do conselho (*entra a terceira vela*).

Canto: estrofe sobre o dom do conselho.

Animador: O dom do conselho vem para nós pela Palavra de Deus. Ó Deus, confirmai-nos com o vosso Espírito de conselho, para que sejamos sempre autênticas testemunhas de vosso amor em palavras e atos. Amém.

Leitor: Invocamos o dom da fortaleza (*entra a quarta vela*).

Canto: estrofe sobre o dom da fortaleza.

Animador: A fortaleza é o dom divino que nos faz firmes na fé, nos fortalece para resistir ao mal e nos dá coragem para testemunhar Jesus com palavras e obras. Ó Pai, que na Cruz de vosso Filho revelastes o poder do vosso amor, confirmai na fortaleza os nossos corações. Amém.

Leitor: Invocamos o dom da ciência (*entra a quinta vela*).

Canto: estrofe sobre o dom da ciência.

Animador: Com o dom da ciência, o Espírito nos dá o conhecimento dos mistérios do Reino de Deus. Ajuda-nos a fazer a experiência de Deus em Jesus Cristo. Ó Deus, pela vossa graça, concedei que não sejamos envolvidos pelas trevas do erro, mas brilhe em nossas vidas a luz da vossa verdade e as sementes do vosso amor. Amém.

Leitor: Invocamos o dom da piedade (*entra a sexta vela*).

Canto: estrofe sobre o dom da piedade.

Animador: O dom espiritual da piedade expressa a atitude que guia nossas intenções e as obras segundo Deus. Ó Deus, que a vossa graça nos preceda e acompanhe, para que estejamos sempre atentos ao bem que devemos fazer. Amém.

Leitor: Invocamos o dom do temor de Deus (*entra a sétima vela*).

Canto: estrofe sobre o dom do temor de Deus.

Animador: O temor de Deus é uma atitude espiritual que não se reduz ao medo do ser humano diante da santidade divina. Ó Deus, que nos concedeis no vosso imenso amor de Pai, mais do que merecemos, derramai sobre nós a vossa misericórdia, e dai-nos a graça da perseverança no seu temor. Amém.

> Todos erguendo suas velas acesas, cantam:

Canto: *A nós descei, divina luz!*

Oração: *Ó Deus, que instruístes os corações dos vossos fiéis com a luz do Espírito Santo, fazei que apreciemos retamente todas as coisas, segundo o mesmo Espírito, e gozemos sempre da vossa materna consolação. Por Cristo, nosso Senhor. Amém.*

Palavra de Deus

Proclamar o Evangelho segundo São João 20,19-23.

> O animador convida para um momento de silêncio em que cada um pode retomar a Palavra de Deus.

Rezar o Salmo 27: uma pessoa proclama o salmo e a cada dois versículos todos respondem: *O Senhor é minha luz, ele é minha salvação que poderei temer que poderei temer.*

Preces

Animador: Ao Deus que derrama em nossos corações o seu Espírito maternal, rezemos todos juntos: *Envia, Senhor, teu Espírito e tua luz.*

1. *Por teu Espírito Santo, renova a Terra e faz novas todas as coisas. Digamos...*
2. *Ilumina cada um dos crismandos com tua luz, Senhor, para que sejam tuas testemunhas no mundo. Digamos...*
3. *Por teu Espírito de luz, cura os doentes, consola os que sofrem e olha para as nossas famílias. Digamos...*
4. *Envia, Senhor, sobre os que vivem marginalizados e sem esperança teu Espírito de vida, de luz e de verdade. Digamos...*
5. *Derrama sobre nossa Igreja, sobre nossas comunidades a força renovadora do teu Espírito, para que na unidade nos dediquemos ao teu serviço. Digamos...*

> Rezar juntos a oração do Pai-nosso.

Animador: Dai-nos, Senhor, um coração grande, aberto à vossa Palavra de vida e verdade, dai-nos um coração grande e forte para amar a todos, para servir a todos, para sofrer por todos! Ó Espírito Santo, dai-nos um coração grande, desejoso de se tornar semelhante ao coração do Senhor Jesus. Um coração grande e forte para superar todas as provações, todo o tédio, todo o cansaço, toda a desilusão, toda a ofensa! Um coração grande e forte, constante até o sacrifício, quando este for necessário! Ó Espírito Santo, dai-me um coração cuja felicidade seja palpitar com o coração de Cristo e cumprir humilde, fiel e firmemente a vontade do Pai. Amém. (Paulo VI).

Bênção: O Deus que derramou em nossos corações, nesta celebração da luz, o Espírito do seu Filho Jesus, encha-nos de alegria e consolação agora e sempre e nos prepare para recebermos o Sacramento da Crisma. Por Cristo, nosso Senhor. Amém.

5.2 SEGUNDO RETIRO: ANDAI SOB O IMPULSO DO ESPÍRITO SANTO

Símbolos

- ✓ Os sete dons do Espírito, representados por sete velas.
- ✓ Os doze frutos do Espírito, conforme Gálatas 5,13-26.
- ✓ Em cartolina ou outro material, recortar o tronco de uma árvore com doze galhos para colocar depois os doze frutos do Espírito.
- ✓ Preparar um óleo perfumado para ungir as mãos na celebração de conclusão do dia. Se o grupo for grande, prever vários potes para facilitar a unção.

Acolhida

Cantos com algumas dinâmicas de entrosamento.
- ✓ Apresentação dos participantes.
- ✓ Breves exercícios de respiração: quem coordena o encontro, ou alguém preparado para isso, conduz um momento de conscientização do corpo, breves exercícios de relachamento, respiração para se colocar em uma atitude de entrega, de escuta da Palavra e da ação do Espírito Santo ao longo do dia.

Refrão meditativo: *Vem, ó Santo Espírito. Vem, ó Santo Espírito.* (ou uma música instrumental, para concentração).

> Acende-se a vela em silêncio...

Animador: Hoje somos convidados a estar com o Senhor Jesus. Ele quer nos falar, Ele nos dá como dom o seu Espírito, aquele que nos ensinará todas as coisas. Ele que é capaz de abrir nossa mente, aquecer nosso coração e nos fazer pessoas atentas à voz de Deus.

Sinal da cruz.

Oração: *Deus de amor e de ternura, sei que me amas e me conheces. Obrigado por me chamar, neste dia, a este lugar para um encontro mais profundo contigo. Aquece meu coração, abre meus ouvidos para ouvir-te. Abre meu coração e meus ouvidos para escutar a tua Palavra e para que eu possa tomar firme decisão de viver e de te anunciar aos meus irmãos e irmãs. Isso eu te peço, por Jesus, teu Filho e nosso Senhor, pela ação do teu Espírito. Amém.*

Canto: *A nós descei divina luz.*

Proclamar o texto bíblico: At 2,1-11.

Retomar o texto, lendo novamente.

Motivar cada um a, em silêncio, identificar qual a frase, a palavra que mais lhe chamou a atenção.

Incentivar a repetirem frases, expressões e imagens que são apresentadas no texto.

Breve reflexão para ajudar a compreender o texto

O Espírito liberta a palavra e ilumina os corações. A palavra espírito em grego e em hebraico significa vento, *Ruah*: sopro de Deus. Este vento, divino sopra, irrompe naquele momento da história, sobre a história. Irrompe na história como vento impetuoso que desinstala o que parecia estar tudo certo, purifica o ar e dá novo ânimo às pessoas impulsionando-as a seguir em frente, com coragem buscando sempre o novo. É uma força que não pode ser contida; na sua força pessoas medrosas, tímidas falam, se tornam corajosas e testemunhas; dom oferecido e acolhido, transforma; sobretudo é força vital que conduz os missionários e missionárias (cf. FRIGERIO, 2019). Nós que queremos ser discípulos de Jesus, aprendemos com isso que precisamos ser corajosos, anunciar Jesus, sem medo, às pessoas.

Meditando a Palavra

- ✓ O que a Palavra nos ensina?
- ✓ Nós somos corajosos ou medrosos? Quais são nossos medos? O que nos impede de anunciar Jesus em nossa vida, a participar mais e com mais entusiasmo?

> Organizar pequenos grupos para conversar e, em seguida, convidar a partilharem o que conversaram.
> Quem conduz o encontro fará uma colocação sobre o sentido do Sacramento da Crisma e sua relação com o Batismo.

Reflexão sobre o Sacramento da Confirmação ou Crisma

O Sacramento da Confirmação ou Crisma é a concretização da promessa de Cristo. Está no caminho da iniciação cristã. Esse sacramento é o envio do Paráclito, o consolador, que nos ajuda a compreender o seu Evangelho e nos dá a força necessária para o anúncio do Reino. Cristo instituiu um sacramento que confirma o Batismo, para que nossa fé cresça e amadureça, mediante a plenitude do Espírito Santo, que derrama os seus dons. Transmite a graça do Espírito Santo por meio da imposição das mãos e está presente desde os inícios da Igreja. Bem cedo acrescentou-se à imposição das mãos a unção com o óleo do Crisma, daí a origem do nome Sacramento da Confirmação.

> Realizar uma reflexão sobre o sacramento da Crisma e a unção não sacramental.

Com o Batismo, nós já nos tornamos filhos de Deus, e o Sacramento da Crisma nos enraíza mais profundamente nessa filiação divina. Somos filhos no Filho, estando mais unidos a Cristo. Também nos vinculamos mais perfeitamente à sua Igreja e participamos mais ativamente de sua missão: o crismado é um soldado de Cristo, a sua testemunha.

Para realizar essa grande missão, recebemos os dons do Espírito Santo, que na tradição da Igreja são sete: sabedoria, inteligência, conselho, fortaleza, ciência (ou conhecimento), piedade e temor de Deus.

Simbologia e rito do sacramento

A unção com o santo Crisma simboliza o selo espiritual que o crismando recebe. Assim como no Sacramento do Batismo, esse selo é indelével, ou seja, uma vez crismado, essa marca fica para sempre na vida do cristão, mesmo que ele não pratique mais a fé. O símbolo da unção tem raízes na tradição do Antigo Testamento, em que o Rei do povo de Israel era ungido com óleo. O óleo significa abundância (Dt 11,14), alegria (Sl 23,5; 104,15), purificação, agilidade (até hoje alguns atletas e lutadores se ungem com óleo), cura e irradia beleza, saúde e força. Essa "marca", o selo do Espírito Santo que o cristão recebe, quer manifestar que somos totalmente de Cristo e estamos ao seu serviço na extensão do Reino, fortalecidos pela graça do Senhor. O óleo do santo Crisma, que é usado para ungir o crismando, é consagrado na missa dos santos óleos pelo bispo diocesano acompanhado de todo o seu clero.

Antes da unção com o santo Crisma, o bispo estende as mãos sobre os crismandos, realizando assim o gesto que, desde os tempos dos Apóstolos, é sinal do dom do Espírito. Em seguida, é realizado o gesto essencial do sacramento: a unção do santo Crisma na fronte do confirmando. No momento que o bispo unge o confirmando, diz as seguintes palavras: "*Recebe, por este sinal, o Espírito Santo, dom de Deus*". Após esse gesto, o cristão está crismado e em sua vida se manifestam os efeitos do sacramento que falamos no início da catequese. Em síntese, poderíamos dizer que aumenta a nossa proximidade com a Santíssima Trindade e com a Santa Igreja. Um dos frutos que deve dar em nossas vidas a presença do Espírito é o compromisso com a vida, com a comunidade, assumir atitudes novas, relações humanas e fraternas, sermos bons. Para isso, precisamos viver conforme o Espírito, de acordo com o que nos ensina o Apóstolo Paulo na sua carta aos Gálatas.

- ✓ Rezar ou cantar o Salmo 104: *Envia teu Espírito, Senhor, e renova a face da Terra!* (bis)
- ✓ Em pequenos grupos, ler o texto bíblico de Gálatas 5,13-26 e identificar os frutos do Espírito Santo.

  - ✓ Ler, conversar e responder:
    - O que significa viver segundo o Espírito de Deus?
    - Quais são os frutos do Espírito Santo?

- ✓ Escrever em faixas os doze frutos do Espírito Santo.

Partilha dos grupos

> Colocar os frutos do Espírito no tronco da árvore que foi preparado.

Comentar que, olhando para os frutos do Espírito que somos chamados a produzir com o Sacramento da Crisma em nossa vida, nos perguntamos:

- ✓ Estamos dispostos a viver assim?

✓ Queremos viver esse compromisso que vamos assumir com o Sacramento da Crisma?
✓ A partir dos frutos do Espírito, cada um pode escolher um dos frutos e fazer uma oração espontânea, uma prece ou um pedido de perdão.

> Sugestão: Concluir o retiro com a celebração da unção com óleo perfumado.

5.2.1 CELEBRAÇÃO COM A UNÇÃO NÃO SACRAMENTAL

Preparação

Se achar bom e oportuno, podem ser preparados uns vidrinhos pequenos com óleo perfumado para serem entregues no fim da celebração, como lembrança e símbolo deste momento.
Preparar bem o espaço com a Palavra de Deus e uma vela (ambiente orante).
Uma bandeja com os vidrinhos de óleo.
Ver quem vai presidir esta celebração (não precisa ser o padre, pode ser o diácono, o ministro da Palavra ou alguém preparado para isso).

Refrão meditativo: à escolha.

Animador: Queridos jovens, crismandos e crismandas, neste dia de retiro, de oração, de encontro mais profundo com a Palavra de Deus, celebremos a ação de graças a Deus. Celebremos esta unção como sinal de que estamos dispostos a viver segundo o Espírito de Deus, de que estamos livres e disponíveis para o caminho do seguimento de Jesus, para nos tornarmos discípulos e discípulas d'Ele, os que se dispõem em anunciar Jesus, o seu Reino, os valores cristãos e humanos. Que o Senhor nos unja com seu amor e nos dê a certeza de que está conosco sempre e nos convida a segui-lo e a participar da sua missão de amor.

Canto: à escolha.
Presidente: Em nome do Pai e do Filho e do Espírito Santo. Amém.

> Saudação e acolhida de quem preside.

Canto de aclamação da Palavra: à escolha.
Proclamar o Evangelho do dia ou o texto bíblico de Isaías 61,1-3.

> Após breve silêncio, quem preside poderá fazer esta breve explicação:

Reflexão

Esta unção que hoje faremos não é um sacramento, mas um momento importante em preparação ao Sacramento da Crisma. É um gesto de compromisso de quem que se dispõe a ser discípulo e discípula de Jesus, comprometendo-se a viver os valores humanos e cristãos em contraposição à ânsia de poder e de ganância que o mundo nos oferece. O óleo é usado frequentemente como símbolo do Espírito Santo na Bíblia, como na parábola das virgens prudentes e insensatas (Mateus 25,1-13). Como tal, os cristãos têm a presença do óleo do Espírito, que os conduz em toda a verdade e os unge continuamente com a sua graça e conforto. "E vós possuís unção que vem do Santo e todos tendes conhecimento" (1João 2,20). Esse óleo perfumado nos envia hoje a sermos o bom odor de Deus, envia-nos a levar o perfume de Deus às pessoas de nossa convivência, na família, na escola, na comunidade cristã.

Rito da unção

Presidente: Bendito sejais vós, Senhor Deus, porque, no vosso imenso amor, criastes o mundo para nossa habitação.

Todos: Bendito seja Deus para sempre!

Presidente: Bendito sejais vós, Senhor Deus, porque criastes a oliveira, cujos ramos anunciaram o fim do dilúvio.

Todos: Bendito seja Deus para sempre!

Presidente: Bendito sejais vós, Senhor Deus, porque, por meio do óleo, fruto da oliveira, fortaleceis vosso povo para o combate da fé.

Todos: Bendito seja Deus para sempre!

Presidente: Bendito sejais vós, Senhor Deus, porque enviaste vosso filho e nosso Senhor Jesus Cristo, para a nossa salvação.

Todos: Bendito seja Deus para sempre!

Presidente: Bendito sejais vós, Senhor Deus, porque criastes a oliveira e com seu óleo consagrais vosso povo como vossos filhos e filhas a serviço do Reino de Deus.

Todos: Bendito seja Deus para sempre!

Oração: Ó Deus, proteção de vosso povo, que fizestes do óleo vossa criatura, um sinal de fortaleza. Abençoai este óleo e concedei aos que serão ungidos levar por toda a parte o bom odor de Cristo. Fazei com que essa unção nos torne fortes e generosos no serviço do vosso Reino. O Cristo Salvador lhes dê sua força, simbolizada por este óleo da salvação. Sereis ungidos no mesmo Cristo, Senhor nosso, que vive e reina para sempre. Amém.

Animador: Aproximem-se os que serão ungidos.

> Fazer a unção nas mãos.

Na unção: O Deus da vida te fortaleça. Amém.

Canto: *O Deus que me criou, me quis, me consagrou para anunciar o seu amor* (Zé Vicente).

> Todos fazem uma oração silenciosa.

Canto: *O Espírito de Deus nos unge e nos envia, para proclamar boa-nova da alegria.*

Pai-nosso

Bênção final

Presidente: *Que o Deus de toda a consolação confirme em cada um as unções recebidas e lhes conceda as suas bênçãos.* **Amém.**

Presidente: *Que o Deus da vida os proteja, liberte de todos os perigos e confirme os seus corações em seu amor.* **Amém.**

Presidente: *E assim, repletos de esperança, fé e caridade, possam viver o bem e chegar felizes à vida eterna.* **Amém.**

Presidente: *A bênção do Deus de Sara, Abraão e Agar, a bênção do Filho, nascido de Maria; a bênção do Espírito Santo de Deus, que cuida com carinho, qual Mãe cuida da gente, esteja sobre todos nós.* **Amém.**

Canto final

6

CELEBRAÇÃO DA ENTREGA DAS BEM-AVENTURANÇAS E DA LEMBRANÇA DA CRISMA

> ✓ *Esta celebração pode acontecer em um momento antes de concluir o catecumenato crismal, após ter celebrado o Sacramento da Crisma no tempo da mistagogia, antes de iniciar o catecumenato eucarístico.*
> ✓ *Poderá ser presidida pelo diácono ou um ministro da Palavra, ou alguém preparado para este momento.*
> ✓ *Preparar ou ter o texto das bem-aventuranças em forma de pergaminho ou em uma folha de ofício, ou um cartão com letras bem legíveis para ser entregue a cada um dos crismandos.*
> ✓ *Esses cartões poderão ser colocados numa bandeja, em uma mesinha preparada antecipadamente para isso.*

Refrão meditativo: *Indo e vindo, trevas e luz, tudo é graça, Deus nos conduz.*
Acender uma grande vela...
Canto de abertura: à escolha.

Recordação da caminhada

Presidente: Estamos reunidos para marcar, para selar nossa caminhada até aqui. Esta nos compromete a vivermos e a testemunharmos a fé recebida no Batismo e confirmada na Crisma. Que o dom do Espírito que recebemos inunde o nosso ser, ilumine nossos corações, nossas famílias e a cada um de nós.

Convidamos a, espontaneamente, quem desejar, expressar com alguma palavra ou gesto o que o marcou neste tempo de contato com a Palavra, em nossos encontros, nossas celebrações e nossa convivência.

✓ O que destacam como importante?
✓ O que mais marcou?
✓ O que significou o caminho que fizemos nestes dois anos?

> Reservar um tempo para o grupo falar.

Rezar o Salmo 112.

Alguém proclama as frases e todos respondem o refrão:

Quem busca a Deus, exulte de alegria.

- ✓ Feliz quem respeita o Senhor e ama com carinho a sua lei!
- ✓ Sua descendência será forte na Terra, abençoada a geração de quem é reto.
- ✓ Haverá glória e riqueza em sua casa, e permanece para sempre o bem que fez.
- ✓ É correto, generoso e compassivo, como luz brilha nas trevas para os justos.
- ✓ Feliz quem é caridoso e prestativo, que resolve seus negócios com justiça.
- ✓ Porque jamais vacilará quem é justo, sua lembrança permanece eternamente.
- ✓ Ele não teme receber notícias más: em Deus, seu coração está seguro.
- ✓ Seu coração está tranquilo e nada teme, e confusos há de ver seus inimigos.
- ✓ Reparte com os pobres os seus bens, permanece para sempre o bem que fez, e crescerão a sua glória e seu poder. Bendito seja Deus agora e sempre.
(OFÍCIO DIVINO DAS COMUNIDADES, 1994, p. 144).

Animador: As bem-aventuranças são anúncios de felicidade, caminho de vida proposto por Jesus, ao mesmo tempo, são um compromisso para aqueles que buscam viver a Palavra de Deus.

Canto de aclamação ao Evangelho: à escolha.

Proclamar o texto do Evangelho segundo São Mateus 5,1-12.

Para ajudar na reflexão

A justiça do Reino dos Céus e a vontade de Deus são o foco das bem-aventuranças. Para Jesus de Nazaré, o projeto do Reino é para esta vida. Jesus viu as multidões cansadas e sofridas, e uma humanidade ferida. Por causa disso, subiu a montanha e se dirigiu aos discípulos com seu ensinamento. Ele os instrui para que estejam sempre atentos e de olhos abertos para ver a realidade da vida de tantas pessoas, assim poderão sair de si mesmos e ir ao encontro do outro. Segundo os ensinamentos de Cristo, a nossa felicidade será plena quando, depois da nossa morte, vivermos eternamente ao lado de Deus, fonte da vida, de toda a verdade e de toda a felicidade. Vejamos o que nos diz Gass (2020):

> O Reino é o projeto na primeira e na oitava bem-aventurança (Mt 5,3.10). E, no centro, estão a busca da justiça (do projeto do Reino) e a busca da misericórdia (ter o coração voltado para quem está na miséria). Uma vez realizada a justiça de Deus, os empobrecidos deixarão de ser oprimidos, pois haverá partilha e solidariedade. Por isso, Jesus os declara felizes. Felizes os pobres em espírito. Esta primeira bem-aventurança é a mais importante. As demais são desdobramentos desta. Qual é a porta de entrada para o Reino? Quem são os pobres em espírito? São aquelas pessoas nomeadas nas demais bem-aventuranças, ou seja, as que choram, as que são humildes e não têm terra (cf. Salmo 37,11), as que têm fome, as que são misericordiosas, as puras de coração, aquelas que promovem a paz e as que são perseguidas por causa da justiça.

Animador: Com esse ensinamento, Jesus nos mostra qual é o plano de Deus para cada batizado. Ensina como deve ser a vida do cristão, do seu seguidor e onde está a verdadeira realização. Queridos crismandos, convidamos vocês a se aproximarem para receberem o texto das bem-aventuranças.

> Com ajuda dos catequistas ou dos pais, cada catequizando é chamado pelo nome e a ele é entregue a folha ou o pergaminho contendo as bem-aventuranças.

Rezar ou cantar o Salmo 127 (sugestão: versão de Frei Fabretti).

Oração da comunidade

Quem preside, motiva para a oração. Após cada prece, todos cantam ou rezam: *Ouve-nos, amado Senhor Jesus.*

1. Senhor, olhai para estes crismandos que buscam viver o Evangelho de Jesus e também para seus pais e familiares, e iluminai a todos para que possam ser fiéis no seguimento de Jesus e se tornem verdadeiros discípulos e discípulas d'Ele. Rezemos: *Ouve-nos, amado Senhor Jesus.*
2. Senhor, acompanhai as famílias de nossa comunidade para que vivam conforme o desejo de Deus e sejam testemunhas de fé e de amor ao Evangelho. Rezemos: *Ouve-nos, amado Senhor Jesus.*
3. Senhor, fazei com que sejamos perseverantes no caminho que iniciamos e nos deixemos guiar pelo Espírito que fortalece, anima e dá vida no caminho de Iniciação à Vida Cristã. Rezemos: *Ouve-nos, amado Senhor Jesus.*
4. Senhor, ajudai-nos a não nos acomodar e conformar com a situação de dor, de pobreza e de sofrimentos de nossos irmãos e irmãs. Fazei que acolhamos as bem-aventuranças para sermos felizes e vivermos o caminho que Jesus nos propõe. Rezemos: *Ouve-nos, amado Senhor Jesus.*

Rezar juntos a oração do Pai-nosso.

Presidente: Ó Deus do universo, adorado por todas as raças e povos, vós nos dais neste dia como sinal o vosso amor de Pai. Vem fazer com que sejamos testemunhas do Reino no mundo. Vós que sois Deus e reinais para sempre. Por Cristo, nosso Senhor. Amém.

Bênção final

Presidente: Deus, caminho de vida e de felicidade, nos reúna na unidade do seu amor e nos abençoe o Pai, o Filho e o Espírito Santo. Amém.

Canto final

7

AS PRINCIPAIS ORAÇÕES DO CRISTÃO

Sinal da Cruz

Em nome do Pai e do Filho e do Espírito Santo. Amém.

Persignação

Pelo sinal da Santa Cruz †, livrai-nos, Deus, nosso Senhor, † dos nossos inimigos †.

Oferecimento do dia

Adoro-vos, meu Deus, amo-vos de todo o meu coração. Agradeço-vos porque me criastes, me fizestes cristão, me conservastes a vida e a saúde. Ofereço-vos o meu dia: que todas as minhas ações correspondam à vossa vontade. E que eu faça tudo para a vossa glória e a paz dos homens. Livrai-me do pecado, do perigo e de todo o mal. Que a vossa graça, bênção, luz e presença permaneçam sempre comigo e com todos aqueles que eu amo. Amém.

Pai-nosso

Pai nosso, que estais nos céus, santificado seja o vosso nome, venha a nós o vosso Reino, seja feita a vossa vontade, assim na Terra como no céu. O pão nosso de cada dia nos dai hoje, perdoai-nos as nossas ofensas, assim como nós perdoamos a quem nos tem ofendido, e não nos deixeis cair em tentação, mas livrai-nos do mal. Amém.

Ave-Maria

Ave Maria, cheia de graça, o Senhor é convosco. Bendita sois vós entre as mulheres, e bendito é o fruto do vosso ventre, Jesus. Santa Maria, Mãe de Deus, rogai por nós, pecadores, agora e na hora de nossa morte. Amém.

Glória ao Pai

Glória ao Pai e ao Filho e ao Espírito Santo.
Como era no princípio, agora e sempre. Amém.

Salve Rainha

Salve, Rainha, mãe de misericórdia, vida, doçura, esperança nossa, salve! A vós bradamos, os degredados filhos de Eva. A vós suspiramos, gemendo e chorando neste vale de lágrimas. Eia, pois, advogada nossa, esses vossos olhos misericordiosos a nós volvei! E depois deste desterro, mostrai-nos Jesus, bendito fruto do vosso ventre. Ó clemente, ó piedosa, ó doce sempre virgem Maria!
℣. Rogai por nós, Santa Mãe de Deus!
℟. Para que sejamos dignos das promessas de Cristo.

Ângelus (Saudação à Nossa Senhora para o Tempo Comum)

℣. O Anjo do Senhor anunciou a Maria.
℟. E ela concebeu do Espírito Santo.
℣ Eis aqui a serva do Senhor.
℟. Faça-se em mim segundo a vossa Palavra.
℣. E o Verbo divino se fez carne.
℟. E habitou entre nós.
Ave, Maria...
℣ Rogai por nós, Santa Mãe de Deus.
℟. Para que sejamos dignos das promessas de Cristo.
Oremos: Infundi, Senhor, em nossos corações a vossa graça, a fim de que, conhecendo pela anunciação do Anjo, a encarnação de Jesus Cristo, vosso Filho, cheguemos pela sua paixão e morte à glória da ressurreição. Pelo mesmo Cristo, nosso Senhor. Amém.
Glória ao Pai e ao Filho e ao Espírito Santo...

Rainha do Céu (Saudação à Nossa Senhora para o Tempo Pascal, em lugar do Ângelus)

℣. Rainha do céu, alegrai-vos. Aleluia.
℟. Porque aquele que merecestes trazer em vosso puríssimo seio. Aleluia.
℣. Ressuscitou como disse. Aleluia.
℟. Rogai por nós a Deus. Aleluia.
℣. Exultai e alegrai-vos, ó Virgem Maria. Aleluia.
℟. Pois o Senhor ressuscitou verdadeiramente. Aleluia.
Oremos: Ó Deus, que vos dignastes alegrar o mundo com a ressurreição do vosso Filho, nosso Senhor Jesus Cristo, concedei-nos, vo-lo suplicamos, a graça de alcançarmos pela proteção da Virgem Maria, sua Mãe, a glória da vida eterna. Pelo mesmo Cristo, nosso Senhor. Amém.

Creio

Creio em Deus Pai todo-poderoso, criador do céu e da terra, e em Jesus Cristo, seu único Filho, nosso Senhor, que foi concebido pelo poder do Espírito Santo; nasceu da Virgem Maria, padeceu sob Pôncio Pilatos, foi crucificado, morto e sepultado; desceu à mansão dos mortos, ressuscitou ao terceiro dia; subiu aos céus, está sentado à direita de Deus Pai todo-poderoso, de onde há de vir a julgar os vivos e os mortos. Creio no Espírito Santo, na santa Igreja Católica, na comunhão dos santos, na remissão dos pecados, na ressurreição da carne, na vida eterna. Amém.

Oração ao anjo da guarda

Santo Anjo do Senhor, meu zeloso guardador, se a ti me confiou a Piedade divina, sempre me rege, guarda, governa e ilumina. Amém.

Ato de contrição

Meu Deus, eu me arrependo de todo o coração de vos ter ofendido, porque sois tão bom e amável. Prometo, com a vossa graça, nunca mais pecar. Meu Jesus, Misericórdia!

Ato de contrição (2)

Senhor, eu me arrependo sinceramente de todo mal que pratiquei e do bem que deixei de fazer. Pecando, eu vos ofendi, meu Deus, e sumo bem, digno de ser amado sobre todas as coisas. Prometo firmemente, ajudado com a vossa graça, fazer penitência e fugir às ocasiões de pecar. Senhor, tende piedade de mim, pelos méritos da Paixão, Morte e Ressurreição de Jesus Cristo, nosso Salvador. Amém.

Oração pela família

Pai, que nos protegeis e que nos destes a vida para participarmos de vossa felicidade, agradecemos o amparo que os pais nos deram desde o nascimento. Hoje queremos vos pedir pelas famílias, para que vivam a união e na alegria cristã. Protegei nossos lares do mal e dos perigos que ameaçam a sua unidade. Pedimos que o amor não desapareça nunca e que os princípios do Evangelho sejam a norma de vida. Pedimos pelos lares em dificuldades, em desunião e em perigo de sucumbir, para que, lembrados do compromisso assumido na fé, encontrem o caminho do perdão, da alegria e da doação. A exemplo de São José, Maria Santíssima e Jesus, sejam nossas famílias uma pequena Igreja, onde se viva o amor. Amém.

Oração de São Francisco de Assis

Senhor, fazei-me instrumento de vossa paz.
Onde houver ódio, que eu leve o amor;
Onde houver ofensa, que eu leve o perdão;
Onde houver discórdia, que eu leve a união;
Onde houver dúvida, que eu leve a fé;
Onde houver erros, que eu leve a verdade;
Onde houver desespero, que eu leve a esperança;
Onde houver tristeza, que eu leve a alegria;
Onde houver trevas, que eu leve a luz!
Ó Mestre,
Fazei que eu procure mais:
consolar, que ser consolado;
compreender, que ser compreendido;
amar, que ser amado.
Pois é dando que se recebe,
é perdoando que se é perdoado,
e é morrendo que se vive para a vida eterna!
Amém.

Oração de consagração a Maria

Ó Senhora minha, ó minha Mãe, eu me ofereço todo a vós e, em prova da minha devoção para convosco, eu vos consagro, neste dia, e para sempre, os meus olhos, meu ouvidos, minha boca, meu coração e, inteiramente, todo o meu ser: e por que assim sou vosso(a), ó incomparável Mãe, guardai-me, defendei- -me como filho(a) e propriedade vossa. Amém.

Magnificat
(Cântico de Nossa Senhora)

A minha alma glorifica ao Senhor
e o meu espírito se alegra em Deus, meu Salvador.
Porque pôs os olhos na humildade da sua serva:
de hoje em diante, me chamarão bem- -aventurada todas as gerações.
O todo-poderoso fez em mim maravilhas:
Santo é o seu nome.
A sua misericórdia se estende de geração em geração
sobre aqueles que o temem.
Manifestou o poder do seu braço
e dispersou os soberbos.
Derrubou os poderosos de seus tronos
e exaltou os humildes.
Aos famintos encheu de bens,

e aos ricos despediu de mãos vazias.
Acolheu a Israel, seu servo,
lembrado da sua misericórdia,
Como tinha prometido a nossos pais,
a Abraão e à sua descendência para sempre.
Glória ao Pai e ao Filho e ao Espírito Santo.
Como era no princípio, agora e sempre. Amém.

Cântico de Zacarias
(da Liturgia das Horas)

Bendito seja o Senhor Deus de Israel,
porque a seu povo visitou e libertou;
e fez surgir um poderoso Salvador
na casa de Davi, seu servidor,
como falara pela boca de seus santos,
os profetas desde os tempos mais antigos,
para salvar-nos do poder dos inimigos
e da mão de todos quantos nos odeiam.
Assim mostrou misericórdia a nossos pais,
recordando a sua santa Aliança
e o juramento a Abraão, o nosso pai,
de conceder-nos que, libertos do inimigo,
a Ele nós sirvamos sem temor
em santidade e em justiça diante dele,
enquanto perdurarem nossos dias.
Serás profeta do Altíssimo, ó menino,
pois irás andando à frente do Senhor
para aplainar e preparar os seus caminhos,
anunciando ao seu povo a salvação,
que está na remissão de seus pecados;
pela bondade e compaixão de nosso Deus,
que sobre nós fará brilhar o Sol nascente,
para iluminar a quantos jazem entre as trevas
e na sombra da morte estão sentados
e para dirigir os nossos passos,
guiando-os no caminho da paz.
Glória ao Pai e ao Filho e ao Espírito Santo.
Como era no princípio, agora e sempre. Amém.

Invocação ao Espírito Santo

℣. Vinde, Espírito Santo, enchei os corações dos vossos fiéis e acendei neles o fogo do vosso amor.
℟. Enviai, Senhor, o vosso Espírito,
e tudo será criado, e renovareis a face da Terra.
Oremos: Deus, que instruístes os corações dos vossos fiéis com a luz do Espírito Santo, fazei que apreciemos retamente todas as coisas, segundo o mesmo Espírito, e gozemos sempre de sua consolação. Por Cristo, Senhor nosso. Amém.

8

O QUE É IMPORTANTE VOCÊ CONHECER

Os mandamentos da Lei de Deus

1. Amar a Deus sobre todas as coisas.
2. Não tomar seu santo nome em vão.
3. Guardar domingos e festas.
4. Honrar pai e mãe.
5. Não matar.
6. Não pecar contra a castidade.
7. Não furtar.
8. Não levantar falso testemunho.
9. Não desejar a mulher do próximo.
10. Não cobiçar as coisas alheias.

Os sete pecados capitais

1. Soberba
2. Avareza
3. Inveja
4. Ira
5. Luxúria
6. Gula
7. Preguiça

Os mandamentos da Igreja

1. Participar da missa nos domingos e festas de guarda.
2. Confessar-se ao menos uma vez ao ano.
3. Comungar ao menos pela Páscoa da Ressurreição.
4. Jejuar e abster-se de carne, conforme manda a Igreja.
5. Contribuir com o dízimo.

Os sacramentos

1. Batismo
2. Crisma ou Confirmação
3. Eucaristia
4. Penitência ou Reconciliação
5. Ordem ou Sacerdócio
6. Matrimônio
7. Unção dos enfermos

As virtudes teologais

1. Fé
2. Esperança
3. Caridade

As virtudes capitais

1. Humildade
2. Generosidade
3. Caridade
4. Paciência
5. Castidade
6. Temperança
7. Diligência

As obras de misericórdia corporais

1. Dar de comer a quem tem fome.
2. Dar de beber a quem tem sede.
3. Vestir os nus.
4. Dar pousada aos peregrinos.
5. Assistir aos enfermos.
6. Visitar os presos.
7. Enterrar os mortos.

As obras de misericórdia espirituais

1. Dar bom conselho.
2. Ensinar os ignorantes.
3. Corrigir os que erram.
4. Consolar os aflitos.
5. Perdoar as injúrias.
6. Sofrer com paciência as fraquezas do nosso próximo.
7. Rogar a Deus por vivos e defuntos.

REFERÊNCIAS

BÍBLIA de Estudo Arqueológica. São Paulo: Vida, 2013.

BÍBLIA de Jerusalém. São Paulo: Paulus, 2006.

BÍBLIA Sagrada. Edição Pastoral. São Paulo: Paulus, 1990.

BÍBLIA Sagrada. Nova Versão Internacional. São Paulo: Vida, 2008.

BÍBLIA Sagrada. Tradução oficial da CNBB. Brasília: CNBB, 2019.

BENTO XVI. *A Palavra de Deus é rocha firme sobre a qual construir a vida*. 6 de março de 2011. Disponível em: https://www.acidigital.com/noticias/bento-xvi-a-palavra-de-deus-e-rocha-firme-sobre-a-qual-construir-a-vida-40447#:~:text=%E2%80%9CEm%20todas%20as%20idades%20e,mesmos%2C%20faz%2Dnos%20sentir%20a. Acesso em: 5 jul. 2023.

BENTO XVI. *Ângelus*. 6 de março de 2011. Disponível em: https://www.vatican.va/content/benedict-xvi/pt/angelus/2011/documents/hf_ben-xvi_ang_20110306.html. Acesso em: 5 jul. 2023.

BENTO XVI. Catequese de Bento XVI. *Canção Nova*, 15 de fevereiro de 2012. Disponível em: https://noticias.cancaonova.com/papa/catequese-de-bento-xvi-15022012/. Acesso em: 5 jul. 2023.

BENTO XVI. *Exortação apostólica pós-sinodal Sacramentum Caritatis*: sobre a Eucaristia fonte e ápice da vida e da missão da Igreja. São Paulo: Paulinas, 2007.

BENTO XVI. *O ano da fé*: as etapas da Revelação. Audiência geral de 12 de dezembro de 2012. Disponível em: https://www.vatican.va/content/benedict-xvi/pt/audiences/2012/documents/hf_ben-xvi_aud_20121212.html. Acesso em: 5 jul. 2023.

BIANCHINI, E. *Vivere la domenica* (Viver o domingo). Segrate: Rizzoli, 2005.

CATECISMO da Igreja Católica. Edição típica vaticana. São Paulo: Loyola, 2000.

CELAM - Consejo Episcopal Latinoamericano y Caribeño. *Documento de Aparecida*. Texto conclusivo da V Conferência Geral do Episcopado Latino-Americano e do Caribe. São Paulo: Paulus, 2007.

CNBB - Conferência Nacional dos Bispos do Brasil. *Diretrizes Gerais da Ação Evangelizadora da Igreja no Brasil*: 2015-2019. São Paulo: Paulinas, 2015. (Documentos da CNBB n. 102).

CNBB - Conferência Nacional dos Bispos do Brasil. *Iniciação à Vida Cristã*: itinerário para formar discípulos missionários. Brasília: Edições CNBB, 2019. (Documentos da CNBB n. 107).

CNBB - Conferência Nacional dos Bispos do Brasil. *Iniciação à Vida Cristã*: um processo de inspiração catecumenal. Brasília: Edições CNBB, 2009. (Estudos da CNBB n. 97).

CONCÍLIO VATICANO II. *Constituição dogmática Dei Verbum*: sobre a revelação divina. 18 de novembro de 1965. Disponível em: https://www.vatican.va/archive/hist_councils/ii_vatican_council/documents/vat-ii_const_19651118_dei-verbum_po.html. Acesso em: 5 jul. 2023.

CONCÍLIO VATICANO II. *Constituição dogmática Lumen Gentium*: sobre a Igreja. São Paulo: Paulinas, 2011.

CONCÍLIO VATICANO II. *Constituição Pastoral Gaudium et Spes*: sobre a Igreja no mundo de hoje. São Paulo: Paulinas, 1998.

CONCÍLIO VATICANO II. *Sacrosanctum Concilium*: Constituição do Concílio Vaticano II: sobre a Sagrada Liturgia. Petrópolis: Vozes, 2013.

CONGREGAÇÃO PARA O CLERO. *Diretório Geral para a Catequese*. São Paulo: Paulinas, 1998.

CONGREGAÇÃO PARA O CULTO DIVINO. *Ritual de Iniciação Cristã de Adultos*. São Paulo: Paulinas, 2011.

CONSELHO PONTIFÍCIO PARA A PROMOÇÃO DA NOVA EVANGELIZAÇÃO. *Os papas e a misericórdia*: jubileu da misericórdia 2015-2016. São Paulo: Paulinas, 2015.

DIDAQUÉ. Instruções dos Apóstolos: catecismo dos primeiros cristãos. 10. ed. Petrópolis: Vozes, 2019.

DIOCESE DE CAXIAS DO SUL. *Caminho de Iniciação à Vida Cristã*: 2. etapa. Petrópolis: Vozes, 2015.

DIOCESE DE JOINVILLE. *Nossa vida com Jesus*: Eucaristia – Catequista. São Paulo: Paulus, 2013.

FRANCISCO. *Ângelus*. 4 de novembro de 2018. Disponível em: https://www.vatican.va/content/francesco/pt/angelus/2018/documents/papa-francesco_angelus_20181104.html. Acesso em: 5 jul. 2023.

FRANCISCO. *Audiência geral*: Praça de São Pedro. 11 de abril de 2018. Disponível em: https://www.vatican.va/content/francesco/pt/audiences/2018/documents/papa-francesco_20180411_udienza-generale.html. Acesso em: 5 jul. 2023.

FRANCISCO. *Audiência geral*. 29 de janeiro de 2014. Disponível em: https://www.vatican.va/content/francesco/pt/audiences/2014/documents/papa-francesco_20140129_udienza-generale.html. Acesso em: 5 jul. 2023.

FRANCISCO. *Audiência geral*. 28 de setembro de 2016. Disponível em: https://www.vatican.va/content/francesco/pt/audiences/2016/documents/papa-francesco_20160928_udienza-generale.html. Acesso em: 5 jul. 2023.

FRANCISCO. *Audiência geral*. 28 de março de 2018. Disponível em: https://www.vatican.va/content/francesco/pt/audiences/2018/documents/papa-francesco_20180328_udienza-generale.html. Acesso em: 5 jul. 2023.

FRANCISCO. *Exortação apostólica Evangelii Gaudium*: sobre o anúncio do Evangelho no mundo atual. Brasília: Edições CNBB, 2013.

FRANCISCO. Papa Francisco: o Batismo "cristifica" o fiel. 11 de abril de 2018. Disponível em: https://www.vaticannews.va/pt/papa/news/2018-04/papa-francisco-audiencia-geral-batismo.html. Acesso em: 5 jul. 2023.

FRIGERIO, T. Solenidade de Pentecostes: ano C - A divina Ruah irrompe na história.

GASS, I. B. Reflexão do Evangelho: as bem-aventuranças como caminho de santidade. *CEBI*, 29 de janeiro de 2020. Disponível em: https://cebi.org.br/reflexao-do-evangelho/reflexao-do-evangelho-as-bem-aventurancas-como-caminho-de-santidade/ Acesso em: 5 jul. 2023.

GASS, I. B. O Espírito da Verdade defende a comunidade (João 14,15-21). *CEBI*, 15 de maio de 2017. Disponível em: https://cebi.org.br/noticias/o-espirito-da-verdade-defende-a-comunidade-joao-1415-21-ildo-bohn-gass-2/. Acesso em: 5 jul. 2023.

JOÃO PAULO II. *Carta apostólica Dies Domini*. 31 de maio de 1998. Disponível em: https://www.vatican.va/content/john-paul-ii/pt/apost_letters/1998/documents/hf_jp-ii_apl_05071998_dies-domini.html. Acesso: 5 jul. 2023.

JOÃO PAULO II. *Carta apostólica Novo Millennio Ineunte*. São Paulo: Loyola, 2001.

JOÃO PAULO II. *Carta encíclica Redemptoris Missio*: sobre a validade permanente do mandato missionário. 7 de dezembro de 1990. Disponível em: https://www.vatican.va/content/john-paul-ii/pt/encyclicals/documents/hf_jp-ii_enc_07121990_redemptoris-missio.html. Acesso em: 5 jul. 2023.

LIMA, M. de L. C. A Igreja Santa, na Terra e no Céu. *Vida Pastoral*. Disponível em: https://www.vidapastoral.com.br/roteiros/1o-de-novembro-todos-os-santos-e-santas/. Acesso em: 5 jul. 2023.

MCKENZIE, J. L. *Dicionário Bíblico*. São Paulo: Paulus, 1983.

MESTERS, C.; LOPES, M. *O avesso é o lado certo*: círculos bíblicos sobre o Evangelho de Lucas. São Leopoldo: CEBI, 2013.

MESTERS, C.; OROFINO, F.; LOPES, M. *Raio-X da Vida*: círculos bíblicos sobre o Evangelho de João. São Leopoldo: CEBI, 2000.

MEUSER, B.; BAER, N. *Preparação para a Crisma*. São Paulo: Paulus, 2018.

MOSCONI, L. *A vida é missão*: para uma missiologia mística popular. Belém: Marques, 2015.

OFÍCIO DIVINO DAS COMUNIDADES. São Paulo: Paulus, 1994. PAIVA, A. C. *Homilia de D. Anselmo Chagas de Paiva*: Pentecostes – Ano B. 20 de maio de 2021. Disponível em: https://presbiteros.org.br/homilia-de-d-anselmo-chagas-de-paiva-pentecostes-ano-b/. Acesso em: 5 jul. 2023.

PAGOLA, A. J. *Jesus*: aproximação histórica. Petrópolis: Vozes, 2010.

RIXEN, E. VILLALBA, M. *Formação de catequistas*: uma proposta de iniciação cristã. Petrópolis: Vozes, 2011.

SAGRADA CONGREGAÇÃO PARA O CULTO DIVINO. *Liturgia das Horas*. Petrópolis: Vozes; São Paulo: Paulinas; Paulus; Ave Maria, 1995.

SIWINSKI, M. Pe. *Liturgia em mutirão*: subsídios para a formação. Brasília: Edições CNBB, 2007.

SCHINELO, E. É Natal: Deus visitou seu povo e o libertou. *CEBI*, 20 de dezembro de 2018. Disponível em: https://cebi.org.br/reflexao-do-evangelho/e-natal-deus-visitou-seu-povo-e-o-libertou/. Acesso em: 5 jul. 2023.

SÍNODO DOS BISPOS. *Os jovens, a fé e o discernimento vocacional*: documento final da XV Assembleia Geral Ordinária do Sínodo dos Bispos. São Paulo: Paulus, 2019.

STORNIOLO, I. *Como ler o Evangelho de Mateus*: o caminho da justiça. São Paulo: Paulus, 2016.